DEUS ENCAIXOTADO

Cássio D'Avila

DEUS ENCAIXOTADO

Numa caixa encontrada no deserto,
a chave de insondáveis mistérios...

EDITORA PENSAMENTO
São Paulo

Edição	Ano
1-2-3-4-5-6-7-8-9	98-99-00

EDITORA PENSAMENTO LTDA.
Rua Dr. Mário Vicente, 374 — 04270-000 — São Paulo, SP
Fone: 272-1399 — Fax: 272-4770
E-mail: pensamento@snet.com.br
http://www.pensamento-cultrix.com.br

Impresso em nossas oficinas gráficas.

SUMÁRIO

I Talvez Verônica 7
II Cinzas 13
III O Louco 19
IV Sob a Lua 29
V Partir 35
VI A Sombra 43
VII Rio Jordão 49
VIII A Gula 57
IX A Morte 63
X A Mulher 71
XI Quem, Eu? 79
XII Alec 87
XIII O Trapaceiro 97
XIV A Caixa 105
XV Luz 113
XVI O Sol 123
XVII Família 143
XVIII Sem Medo 151

Ao meu pai, Heron D'Avila, por ter sido, sempre, como uma mãe para mim

CAPÍTULO I

Talvez Verônica

Teo pensava em si mesmo, em seu invejado infortúnio, enquanto se sacudia no metrô de volta para casa, depois de mais uma tediosa série de testes.

Espremido entre pessoas suadas e malcheirosas, o garotão de dezessete anos visualizava o rosto amedrontado do pai. Até há pouco tempo tentava convencer-se de que o amor era alguma coisa definível, mas foi no olhar de sua mãe que descobriu a trágica simplicidade dos fatos. Ela o temia sem deixar de amá-lo, ao passo que o pai oscilava entre o medo e uma sensação de impotência e raiva, enquanto fingia um amor já morto há muito tempo.

Era ela quem procurava explicações; aliás, sua vida se resumia a visitas a padres parapsicólogos, passeios a centros espíritas, terreiros de macumba, médiuns, exorcistas, e agora essa fundação de pesquisa que se limita a fazer medições e estatísticas como se buscasse uma cura que nunca seria encontrada.

Uma mulher gorda, que ocupava dois assentos, estava olhando para ele; era evidente o ódio que ela sentia de si mesma. Estava tudo ali naquele rosto bolachudo, inclusive a noite anterior, quando ela tinha se entregado a um homem numa relação em que só de longe existiu afeto.

Suarenta, faminta e raivosa, tentou compensar seus sentimentos negativos suportando o nojo que via crescer em seu parceiro. Este acabou literalmente sugado. Também por isso ela se odiava, mas odiava ainda mais o resto do mundo e não desocuparia o lugar enquanto o trem não estivesse completamente parado em sua estação.

O que ela sentia fez com que o Teozinho se lembrasse de uma das suas primeiras proezas. Tinha ido para a cama mais cedo como castigo por ter quebrado um vaso com sua bola. Contrariado e julgando-se injustiçado, deixou a raiva sair de sua imaginação como um sopro capaz de quebrar todos os vidros da casa. No dia seguinte, seu pai só não teve que trocar os vidros do quarto onde o Teozinho dormiu. Na época, seu pai ainda podia chamar aquilo de coincidência; já sua mãe, silenciosamente, discordava.

Carregadas de medo e culpa, não eram lembranças agradáveis, assim como não eram agradáveis os pensamentos das pessoas ao seu redor. A grande maioria estava incomodada com o calor e o vagão lotado; uns poucos tiravam imagens agradáveis de livros e revistas, e duas pessoas estavam felizes: um homem que acabara de receber um aumento de salário e uma mulher grávida de sete meses. Esta, apesar de alguma insegurança quanto ao futuro da criança, sem que pudesse admitir, sentia-se como o próprio Deus com seu poder de dar a vida.

Ele analisava esse sentimento e usufruía do amor que a mãe sentia pelo seu bebê.

De repente, a presença deste se tornou mais forte do que todo o resto.

Diferente de outros fetos que a ele pareciam como papéis em branco, este era ativo e curioso e estava feliz por encontrar a mente que o observava. Teo sentiu uma vertigem — como se o trem tivesse se precipitado num abismo. De algum modo, aquele feto, que viria a se tornar uma menina, conseguira agarrar sua mente e não parecia disposto a soltá-la. Jamais ele se imaginara o único com poderes paranormais, mas nunca tinha encontrado alguém capaz de fazer o que aquela garota estava fazendo. Ela lia tudo, ávida como um aficionado que lê uma revista de esportes; isso ela fazia com suas experiências, medos, esperanças, segredos. Atordoado, tudo o que ele conseguia era ver um rostinho de olhos brilhantes sugar-lhe a mente, devorar-lhe os pensamentos e cuspi-los de volta sem a menor cerimônia.

Logo a futura garotinha já permitia que ele pensasse, ou melhor, forçava-o a isso apresentando-lhe problemas de matemática como os que ele mesmo tinha de resolver no colégio, jogos de montar, estratégias no baralho e no xadrez. O que ela queria era aprender, não como jogar ou fazer contas, mas, simplesmente, como pensar, e fazia isso com uma velocidade alucinante.

A partir daí Teo começou a ter acesso aos pensamentos dela e percebeu que alguma coisa a incomodava. Para ela, nascer seria uma mudança de ambiente; havia receio quanto ao momento em que isso se daria, mas ela estava tranqüila sobre como seria recebida. O que ela buscava tinha relação com outro tipo de mudança, comparável mas diferente.

Enquanto ela revirava sua mente em busca de respostas, as idéias e imagens mais terríveis eram trazidas à tona, causando calafrios e suores. Um senhor que estava ao lado perguntou se ele estava se sentindo bem e, como resposta, recebeu um olhar perdido num rosto pálido.

O trem parou na estação, mas a gorda só se levantou quando as portas se abriram, deixando o ar entrar. O senhor o levou pelo braço até o banco e repetiu a pergunta. A resposta não veio sem esforço.

A garota, ocupada em comparar situações que em maior ou menor escala envolviam a mesma sensação, não reparou que ele tinha elaborado e articulado uma resposta plausível afirmando ao senhor que sua pressão havia caído.

O que é e como é morrer, era isso o que ela procurava. Não tinha valores morais ou éticos; era um bebê, ou melhor, um feto e dava pouco ou nenhum valor ao que poderia acontecer com Teo. Ele percebeu, já à beira de um colapso, que ela iria até as últimas conseqüências. Naquele momento era ele ou ela — então, ele agiu.

Uma lufada de ar invadiu o vagão; o trem havia parado novamente. Ainda zonzo e fraco, agradeceu ao senhor que o ajudara e saiu o mais rápido que pôde. A garota — o feto — tinha nas mãos alguma coisa nova e importante com que se ocupar, uma coisa que acontecia com ela própria; por isso o soltou.

Livre, Teo pôde ouvir a mulher grávida, surpresa, pensar: "O que está havendo? Estou urinando?" Ela nunca saberia como ou por que alguém romperia sua bolsa sem tocá-la, assim como os pais de Teo nunca saberiam como foram quebrados os vidros da casa.

Apoiado numa parede da estação, ele viu o trem partir, sabia que não havia mais perigo; então focou mais uma vez a mente da menina. Ela estava assustada por um lado e feliz por outro. Estava diante da morte, a coisa mais fascinante que tinha visto em Teo, e imaginava em sua inocência que poderia experimentá-la enquanto seu ambiente tornava-se desconfortável pela perda de água. Silenciosamente, ele quis despedir-se; podia ser má ou apenas inconseqüente como qualquer criança, mas que era infinitamente mais poderosa do que ele, não havia como negar. E, já que ela não tinha ainda um nome, ele inventou um.

CAPÍTULO II

Cinzas

Nunca me esqueci desse encontro. Eu era uma cobaia arrogante nas mãos dos cientistas e um rebelde entre os religiosos, orgulhoso por assustá-los vendo e ouvindo o que eles pensavam, mas foi ela, apenas um feto, que me fez sentir a verdadeira dimensão e o significado da palavra poder.

Tive pesadelos horríveis, por muito tempo senti medo e culpa e impus a mim mesmo uma prisão. Por quase um ano evitei sair de casa. Isso foi um alívio para minha mãe, que já estava cansada de me levar de um lado a outro em busca de respostas. Passei a procurá-las eu mesmo, nos mitos, na cabala, nas tradições orientais como a ioga e o taoísmo. Com isso, descobri que meu poder era difuso e sem controle, muitas vezes porque eu era assim, indisciplinado; por isso, sempre que meus pais me contrariavam, alguma coisa acontecia: roupas novas se rasgavam, louças quebravam, pneus esvaziavam.

À medida que tentei controlar meu poder, acabei por perdê-lo; mesmo assim, ganhei notoriedade e juntei dinheiro lendo tarô. Primeiro me tornei o guru do bairro, e logo recebia artistas, empresários e políticos.

Vinte anos depois, eu tinha um quadro num programa feminino de tevê e um horário numa rádio; nos dois eu atendia telefonemas de espectadores mais ansiosos por atenção e algum afeto do que pelos misteriosos caminhos do destino.

Meu poder havia desaparecido por completo. As cartas, os búzios, as runas ou qualquer método de adivinhação não dependem de poderes especiais; é uma questão de decorar significações e deixar o acaso decidir sua ordem. As pessoas que procuram adivinhos são, invariavelmente, inseguras e carentes, ou passam por um momento assim, e deixam bem claro o que gostariam de ouvir.

Eu fazia voz macia, procurava palavras suaves, deixava que a pessoa do outro lado da linha terminasse minhas frases, ou seja, eu enrolava descaradamente a todos. Eu nunca admitiria tal coisa no microfone; fazia o jogo de qualquer obscurantista, no máximo diria que aquele era meu trabalho, mas, no fundo, julgava-me apenas um gordo e preguiçoso charlatão de sorte. Não fiquei rico, mas ainda assim era um explorador da boa-fé alheia.

* * *

Sonhei com monstros que saíam de um buraco no chão; quando eu tentava escapar, me via preso numa enorme e nojenta teia de aranha que, ao mesmo tempo, eram os cabelos da minha mãe.

Acordei suado, tremendo e lutando desesperadamente para livrar-me das imagens que povoaram meu sono.

Fui para o estúdio mais cedo e puxava conversa com qualquer um apenas para me distrair. Aos poucos as imagens desapareceram, mas a sensação, o incômodo na boca do estômago resistia mesmo enquanto atendia, no ar, os telefonemas.

Disfarcei meu nervosismo o melhor que pude, mas foi uma senhora que, sem querer, conseguiu me acalmar. Ela perguntava em nome de sua filha, pronta para fazer uma longa viagem e, como era muito nova, inspirava preocupação.

Fiz como de costume: tranqüilizei a senhora e não deixei que o nome da filha me perturbasse. Afinal de contas, existem muitas Verônicas.

As cartas diziam que na viagem ela reveria alguém muito importante, alguém que já havia sido muito íntimo. Essa pessoa ficaria ligada a ela para sempre; poderia até dar em casamento.

Enquanto falava, eu revia os olhinhos brilhantes que devoraram minha mente há muito tempo no metrô.

Eu tinha um tempo para cada ligação, dois minutos e meio, e os dela estavam prestes a se esgotar; foi quando pedi que ela tornasse a ligar durante o intervalo. Poderia ser tudo coincidência; não havia como ter certeza de nada e eu mesmo não sabia o que dizer quando ela, honrada, aceitou ligar novamente.

Atendi mais um telefonema e fiquei ansioso durante os

comerciais esperando o telefone tocar. Sem ter ainda o que dizer, inventei uma história sobre visitar as pessoas e confirmar no local o que via nas cartas; assim eu poderia ter uma idéia do meu nível de acerto.

Ela se confessou uma fã incondicional, convidou-me para almoçar naquele dia mesmo, mas eu precisava de mais tempo para pensar em alguma coisa para dizer a ela. Tanto insistiu, porém, que aceitei acompanhá-la no café da tarde em sua casa.

Às três horas lá estava eu, xícara na mão, fazendo todo tipo de pergunta.

Verônica só falou depois dos três anos de idade, mas cresceu como qualquer garota saudável. O parto prematuro não tinha deixado nenhuma seqüela, a não ser por uma atitude reservada e discreta. O pai achava que era apenas timidez e a mãe imaginava que, mesmo muito jovem, a garota escondia alguma coisa.

Enquanto o simpático casal se divertia, eu mostrava os dentes; era só o que eu poderia fazer. Por dentro, minhas emoções se misturavam; havia medo por ela estar viva e alívio por não ter conseguido matá-la, o que não diminuía a culpa por ter tentado.

Ela estava viva, a mesma garota que quase tinha me matado havia agora 20 anos, e partia para o Oriente Médio em busca de antigüidades. Seu plano era montar com o pai uma pequena loja, e seu quarto era a prova dessa paixão. Ali, ela guardava todo tipo de objeto exótico e antigo, desde moedas e selos até armaduras inteiras, relógios, quadros e livros, e havia muito mais noutra parte da casa.

Sua mãe falou sobre uma visita dela à Itália a convite

de uma seita. Fora para passar um mês e acabou ficando um ano, e junto com as "velharias", como a mãe dizia, ela trouxera fotos de um copo de cerâmica ou barro. Segundo Verônica, esse copo tinha sido usado por Jesus na última ceia.

"Então esse é o Graal", pensei, enquanto ela continuava falando sobre parentes que moravam lá e a segurança que isso trouxera na época. Mas agora ela iria sozinha para Israel onde eles, os pais, não conheciam ninguém.

Repeti as palavras de conforto e reafirmei tudo o que vira nas cartas.

Já me preparava para me despedir quando o telefone tocou. — Deve ser ela — disse a mãe, e me ofereceu mais um cafezinho enquanto atendia. Fiquei sozinho um momento no quarto de Verônica, mas logo uma moça entrou com uma bandeja. Eu podia escutar a senhora falando, mas não entendia o sentido da conversa. Vi a expressão da moça mudar do sorriso para a preocupação. Olhei meu rosto refletido na superfície negra na xícara e senti tontura. A moça tirou a xícara da minha mão e gritou alguma coisa virando o rosto para a porta. Tive de me sentar na cama para não cair. Meus ouvidos tiniam enquanto eu via fumaça colorida, luzes e um cubo preto que rodopiava, tudo sobreposto ao que eu via realmente: a moça desesperada sem saber se saía do quarto ou se me socorria sozinha.

Por uma fração de segundo, o silêncio foi total, e nesse momento ouvi claramente a palavra "venha" dita por uma voz feminina, tão doce e melodiosa que fez meus olhos se encherem de lágrimas. Então, voltei a mim, ao mesmo tempo que o casal invadia o quarto.

— Quer que chame um médico? Quer água? Você tem alguma doença?

Eles se atropelavam com as perguntas, mas eu estava tão bem como quando entrei, de modo que só me restou a vergonha.

— A cor dele está voltando — disse a moça, e isso me deu a chance de inventar uma enxaqueca-relâmpago, doença da qual eu disse que sofria há muito tempo. Isso os tranqüilizou, mas aproveitei para me despedir rapidamente e sair, deixando-os confusos, acenando do portão sem saber se estavam fazendo bem em me deixar ir.

CAPÍTULO III

O Louco

Naquela noite, na solidão do meu apartamento, liguei a tevê, como sempre faço, e fui preparar alguma coisa para comer. Coloquei água para ferver pensando em fazer macarrão e saí da cozinha. Parei no meio da sala tentando lembrar o que eu ia fazer; então, liguei o rádio e fui até a janela. De repente, me dei conta de que todas as luzes estavam acesas, tevê e rádio ligados, a água borbulhava na cozinha molhando o fogão e a minha bexiga estava a ponto de estourar. Isso se juntou à estranha alucinação que tive na casa dos pais de Verônica; então, percebi que já era hora de tirar umas férias.

Isso não é coisa simples quando se trabalha em veículos de comunicação; é preciso gravar os programas e, no meu caso, eu teria de criar alguma coisa que segurasse a audiência na minha ausência.

No dia seguinte, procurei os diretores e expliquei como me sentia. Para a tevê, nas duas semanas seguintes gravaríamos uma espécie de curso de tarô que cobriria meu horário pelos próximos dois meses, e imediatamente criaram uma chamada no computador gráfico. Mas na rádio fui sumariamente demitido e substituído por uma astróloga.

Nessas duas semanas, trabalhei em média 18 horas por dia, inclusive nos finais de semana, e nem por isso me sentia cansado. Por outro lado, também não tive tempo para pensar na perda do emprego na rádio ou no que havia acontecido comigo.

No início da terceira semana, embarquei para Israel, e só ao acordar no avião, depois de um sono de três horas, foi que percebi a loucura que estava cometendo.

A primeira coisa que me perguntei foi: "Por que não estou indo para o Caribe?"

Eu estava obcecado; quando fui à agência de viagem, no dia seguinte ao término das gravações, eu queria tanto estar dentro de um avião, que fiz com que a moça que me atendeu consultasse uma lista e fiquei com o primeiro nome que ela disse. Parecia que eu estava fugindo de alguma coisa; tenho certeza de que foi o que ela pensou. Isso me ofendeu. Então, passei a fingir uma convicção que não tinha, só para contrariá-la. Peguei a passagem de ida e volta, liguei para a mãe de Verônica na frente dela, dando os detalhes e horários, e saí sem me despedir.

Só agora, no meio do Atlântico, percebo o absurdo de tratar daquela forma uma completa desconhecida. O preço a ser pago é passar minhas férias num país que só conhecia dos noticiários, que sempre mostravam atentados e conflitos armados, um lugar completamente diferente, com costumes que eu nem imaginava e onde não conhecia ninguém.

Na escala em Madri, pensei em descer e voltar dali mesmo. Só permaneci no avião por imaginar que poderia me meter numa encrenca ainda maior aparecendo onde não deveria estar.

Suportei o resto da viagem e, assim que desci no aeroporto Ben Gurion, em Tel-Aviv, fui direto ao balcão da empresa aérea, onde, num inglês primário, tentei explicar o que queria. Logo ao meu redor estavam vários funcionários e até alguns seguranças do aeroporto.

Sabe o que é ter que falar uma língua que não se domina e escutar várias pessoas falarem umas por cima das outras um inglês com forte sotaque local, enquanto os outros fazem comentários provavelmente em hebraico? Essa era a minha situação, até que fui salvo por um europeu com um inglês perfeito e que arranhava o "portunhol".

Daquela confusão no balcão resultou que o próximo vôo de volta seria em três dias; bastaria eu me apresentar duas horas antes da partida e pagar 50 dólares. E já que eu tinha mudado de idéia, todas as despesas lá seriam por minha conta.

Os funcionários voltaram aos seus afazeres olhando-me com desprezo. Então Juan se apresentou dizendo já ter visitado o Brasil e que me tinha visto na tevê. Em seguida confessou que tínhamos uma amiga em comum, a mãe de Verônica, e que ela, a filha, estaria me aguardando num hotel não longe dali.

Fui com ele — que mais eu poderia fazer? —, mas me mantive calado no táxi revendo a série de coincidências que tinham me levado até ali. O diretor da rádio me expulsando como fez parecia saber que eu não teria mesmo tempo, já que tinha tanto trabalho; a idéia do curso de tarô foi aceita imediatamente como se os dois diretores tivessem adivinhado o que eu pretendia e entrado num acordo. Depois a moça da agência me deixando nervoso a ponto de escolher o país sem pensar, e agora este sujeito que me livra de uma confusão e me enfia num táxi. "Parece coisa de agente secreto", pensei, e, de repente, segurei a respiração. "Estou em Israel. Aqui judeus lutam com árabes pela faixa de Gaza e, afinal de contas, como esse cara sabia da hora da minha chegada?" Então me lembrei da ligação para a mãe de Verônica e pude voltar a respirar. "Mesmo que existam espiões por aqui, que importância eu teria para eles?"

A cidade lá fora não tinha nada de diferente de qualquer outra que se vê no Ocidente, a não ser por um ou outro prédio. Mesmo o hotel era absolutamente ocidental.

Deixei que Juan falasse com os funcionários para me arranjar um quarto. Assim que ele conseguiu, subi para tomar uma ducha enquanto ele procurava a garota, mas acabei dormindo em seguida.

Acordei assustado e morrendo de fome. Meu estômago dizia que era hora do jantar, mas ainda era dia. "Claro, o fuso horário!"

Não foi difícil encontrar o restaurante do hotel. Com fome eu falo qualquer língua!

Poucas mesas me separavam, quando entrei no salão, de onde estavam Juan e uma moça de cabelos curtos. Foi ele quem me viu e passou a acenar e a me mostrar uma cadeira vaga.

As pessoas nas outras mesas almoçavam e falavam criando um enorme tumulto, mas não foi isso que fez meu coração começar a bater forte. Quantas emoções diferentes uma pessoa pode sentir ao mesmo tempo? "Eu tentei matar aquela moça", pensei. "Ainda bem que não consegui. E se ela ainda tem todo aquele poder? E se todas essas coincidências foram criadas por ela? E se ela quiser vingança, que chance eu teria?"

Meus pés pareciam pesar uma tonelada, meu coração era uma metralhadora e minha garganta um nó só.

Andei lentamente. Juan se levantou, percebendo alguma coisa errada. Quando alcancei a mesa deles, ele me ajudou a sentar, perguntando se me sentia bem. Eu suava e minha cor deve ter desaparecido do rosto.

— Deve ter sido o vôo, coitadinho.

A voz e a mão no meu braço foi como o fim de uma tempestade de verão. Meu coração voltou ao normal quase que imediatamente. Ela pegou minha mão e com um sorriso que me pareceu o mais lindo que já vi, disse: — Oi. Eu sou a Verônica. Minha mãe disse que você viria, Teo. É um prazer enorme te conhecer. — E não parou por aí; continuou falando que, sempre que podia, me via na televisão, que a mãe nunca perdia o programa. Perguntou se eu já conhecia Israel, falou dos locais turísticos, do tempo, dos desertos, falou, falou, falou...

A princípio, achei-a belíssima; mas, enquanto ela falava, reparei que não era lá grande coisa: uma moça comum, enfim, com o viço dos vinte anos. O que me espantava é que eu tinha passado anos imaginando, revendo milhares de vezes aqueles olhinhos brilhantes e me culpando por tê-la matado antes mesmo que ela visse a luz do dia.

Ali estava ela, viva, vivíssima, com os interesses e a energia dos 20 anos e, ao que parecia, tanto poder quanto o meu ou o de qualquer um ali.

Muito do que aconteceu comigo na adolescência — o tal poder — tinha sido esquecido, praticamente tudo o que não foi registrado ou testemunhado — a não ser ela, e isso por causa da culpa. Mas essa questão já estava tão envolvida em dúvidas que acabaria esquecida como o resto.

Ela não parou de falar nem mesmo enquanto comíamos, e comecei a me sentir idiota por estar ali. Absolutamente mudo, comecei a fazer contas de cabeça. Pagaria caro por me livrar de tudo aquilo; porém, mais dois dias e meio e eu nunca mais pensaria nela ou naquele dia no metrô.

Tomei o último copo da garrafa de vinho que estava sobre a mesa, e quando Juan se moveu para pedir uma segunda garrafa, ela o impediu sugerindo que passássemos para o bar. Eu tinha motivos de sobra para comemorar, mas, assim que nos levantamos, ela pareceu mudar de idéia: queria ir a uma loja comprar mais antigüidades.

— Eu não suportaria — disse. — Não tenho hábitos noturnos e para mim agora são duas da madrugada. — Apontei meu relógio, que ainda marcava a hora do Brasil.

Juan argumentou que a melhor maneira de se acostumar

com a mudança de fuso horário é forçar um pouco. Então, fizemos um acordo; eles ficariam comigo até eu não agüentar mais e só aí sairiam.

O bar era um corredor com mesas pequenas de um lado e um grande balcão do outro, tudo à meia-luz e decorado com couro e tecido xadrez como os *pubs* ingleses.

Foi a vez de Juan falar, e ele foi bem objetivo. Tinha nascido na Andaluzia, Espanha, e se formado arquiteto em Madri. Adorava viajar e sempre que tinha chance fazia cursos fora de seu país. Entre outras coisas, este foi o motivo de sua ida ao Brasil. Não gostou de Brasília, adorou os prédios da Av. Berrini, em São Paulc, mas o que o atraía mesmo eram as formas góticas. Seu sonho era misturar tudo num só projeto.

Quando chegou a minha vez, iniciei timidamente. Nada me obrigava a falar de coisas pessoais.

Comecei falando do meu trabalho, coisas superficiais, sempre exaltando os pontos positivos sem exagerar; mas eu tinha nas mãos o meu segundo copo de uísque. Depois do vinho e somado ao cansaço, não tive como segurar minha língua e, em alto e bom som, assumi minha total falta de talento. Quando os vi chocados, acrescentei meu ceticismo com respeito a qualquer método de adivinhação, chamando tudo de acaso e coincidência.

Houve um longo silêncio. Eu estava bêbado, deprimido e envergonhado demais para voltar os olhos para eles. Juan quebrou o silêncio perguntando:

— Quem era você antes disso tudo?

Ergui a cabeça e percebi piedade em sua expressão. De qualquer coisa que eu dissesse, por pior que fosse, ele me mostraria o lado bom. Lembrei-me da minha mãe, orgulhosa e preocupada, do medo nos olhos do meu pai, de todos os outros, os padres, pais-de-santo, parapsicólogos. Eu estava a ponto de começar uma frase quando:

— Quebre aquele copo.

A ordem veio de Verônica, que olhava para o balcão. O *barman* usava o seu paninho e não percebeu um copo no balcão. A queda foi instantânea, mas, ainda ouvindo o ruído dos estilhaços, eu pensava: "Foi um acidente! Coincidência! Não fui eu!"

Quando voltei os olhos, ela se dirigiu a Juan:

— Eu ainda queria dar aquele passeio, você vem?

— Claro!

E os dois se levantaram. Ele olhou o relógio e me disse:

— Ao menos você suportou bastante o sono; já está mais adaptado ao novo fuso horário.

Ela me beijou o rosto e foi buscar sua bolsa no quarto. Juan fez questão de pagar as bebidas e me convidou para sair com eles no dia seguinte. Foi falando rápido, enquanto o *barman* juntava os cacos.

Tentei impedir Juan de pagar a conta, mas eu estava dividido entre a visão do homem agachado e a lembrança do meu pai na mesma posição, catando os estilhaços dos vidros da janela. O "não fui eu" estava na ponta da língua naquele momento, mas meu pai não me acusou. Foi uma mentira que não tive que contar. Eu queria dizer o mesmo agora, com mais convicção, mas Juan parecia não querer ouvir.

— Juan, sobre o copo, eu... — De repente, entendi que

o que eu tinha para dizer não faria o menor sentido se não contasse a história toda, e não havia tempo para isso.

Verônica já acenava perto da porta da rua quando, talvez percebendo minha ansiedade, ele colocou a mão em meu ombro e disse:

— Ela te conhece. — E saiu com ela, deixando-me ainda mais confuso do que já estava.

Fui até a cobertura, onde encontrei uma piscina. Olhei um pouco a cidade e logo senti sono. De volta ao quarto, tentei pensar numa explicação, alguma coisa que provasse definitivamente que não existia relação nenhuma entre os vidros da casa do meu pai e aquele copo; mas, enquanto o sono me envolvia, a voz dela repetia firme e carinhosa ao mesmo tempo. "Quebre aquele copo."

Teria sido eu?

CAPÍTULO IV

Sob a Lua

Dormi mal. Eu ainda sentia a trepidação do avião. Quando amanheceu, teimei em ficar na cama até sentir aquela dorzinha nas costas, mas foi a fome que me venceu.

Leite, ovos, frutas e pão sírio foi o que comi entre funcionários apressados no refeitório vazio. De volta ao quarto, me distraí vendo na tevê antigos desenhos animados falados na língua local, absolutamente incompreensível para mim.

Também almocei sozinho. Tentei localizar meus novos amigos, mas foi impossível sem saber o nome completo deles. Passei um bom tempo no bar, mas eles não apareceram.

Talvez Juan tivesse se esquecido do convite que me tinha feito e, quem sabe, Verônica não tivesse concordado. Quando isso me passou pela cabeça, imaginei que ela poderia me odiar sem saber por que motivo. Já tinha ouvido falar sobre isso: pessoas que se esquecem de fatos traumáticos e reagem ou entram em pânico diante de uma situação parecida.

Larguei ali minha terceira Coca-Cola e fui para a piscina. Lá estava um grupo de crianças que se divertia escondendo-se de mim entre as espreguiçadeiras. Vendo-os, lembrei-me de um dia em que meu pai gritava e esmurrava a mesa da cozinha. Meu irmão se assustou no berço ao meu lado na sala, mamãe veio, pegou-o e trancou-se no quarto enquanto meu pai desabava no sofá, com cheiro de alguma coisa que na época me lembrou vinagre.

"Não maltrate a minha mãe." Foi o que pensei de pé no tapete ao lado dele, mas não cheguei a dizer; contive-me. Ele não dormia, mas não ia sair dali. Mantinha os olhos fechados e era assim mesmo que eu o queria. Dentro dele, eu via as imagens recentes do rosto de minha mãe banhado em lágrimas; depois um moço que falava com ela num estacionamento e mais uma porção de coisas confusas que giravam lentamente da direita para a esquerda. Também podia ver a raiva que ele estava sentindo, mas não demonstrava; ele tentava se mexer e eu, não sei como, o segurava. Quanto mais ele se esforçava, mais forte eu segurava, sem tocá-lo, apenas ali, de pé, no tapete. A raiva dele aos poucos virou alguma coisa mais premente — ele não podia respirar. Deixei que ele abrisse os olhos e vi o medo lá dentro, um medo tão puro, tão desesperado, que me assustou; então, soltei-o. Ele sorveu ruidosamente o ar, como se roncasse, mas só tirou os olhos de mim quando correu para o banheiro, onde vomitou.

Fosse qual fosse, o problema com minha mãe acabou sendo resolvido, mas desse dia em diante meu pai começou a me olhar de um jeito diferente, sempre com um pouco daquele medo.

Eu tinha a idade desses meninos, entre cinco e seis anos, que riam em volta de mim e se escondiam, me achando estranho.

Acompanhei do quarto, em absoluto silêncio, o pôr-do-sol. Foi um momento de paz, raro naqueles dias. Foram vinte minutos ou meia hora sem querer voltar, sem procurar explicações, sem solidão nem lembranças, sem tédio nem ansiedade.

Houve um breve momento de escuridão, e foi quando alguém bateu na porta; depois o céu se tingiu de vermelho.

Primeiro ela entrou e depois perguntou se podia. Tudo estava vermelho como o céu lá fora, e resisti em abandonar a paz que sentia.

Verônica já não era o mistério que me causava culpa e medo; era uma moça comum, simpática e um pouco tagarela, que me conhecia da tevê, gostava de viajar e de colecionar coisas antigas.

Vi seu vulto aproximar-se e se sentar na cama. Ficamos em silêncio por mais um minuto, até que o vermelho do céu desaparecesse, deixando-nos no escuro.

— Acho que te devo desculpas.

— Desculpas? Por quê?

Ela rompeu o silêncio quando ele já se tornava denso demais. Imaginei que ela se desculpava por não ter-me encontrado à tarde, mas não era por isso.

— Pelo que aconteceu no metrô.

Gelei. "Meu Deus, ela se lembra!"

— Me... metrô? Quando?

— Sei que você sofreu lá, naquele momento, e que continuou sofrendo depois, por muito tempo. Perdoe-me.

Eu estava pasmo. Como é que ela poderia se lembrar?

Ela suspirou e continuou: — Eu nem posso dizer que era muito criança; eu ainda não tinha nem nascido! — E sorriu.

— Você continua com aquele poder? Lembra mesmo do que aconteceu? Do que eu fiz?

Eu não sabia o que fazer com as mãos; então me sentei também para prendê-las entre as pernas.

Ela procurou o interruptor do abajur e, quando o acendeu, pude reparar mais em seu sorriso. Isso me acalmou.

— Você me desculpa?

— Se eu desculpo? Claro! Eu é que deveria pedir desculpas. Eu rompi a... (será que devo?) bolsa de sua mãe...

— Você só fez isso porque eu estava exaurindo a sua vida. Você só se defendeu.

Tudo voltou à minha mente: o cheiro, as pessoas, o calor dentro do vagão lotado. Eu mal sabia onde ela estava e já perdia o controle; minhas experiências, minhas energias, tudo fluía para ela.

— Eu tentei matar você... Perdoe-me.

Baixei a cabeça, envergonhado. Ela acariciou-me o rosto e pousou a mão no meu ombro.

— E acabou me fazendo um grande favor.

— É, te mostrei o que é covardia.

— Não! Olha!, não sei como posso fazer você entender, mas por sua causa, quando nasci, prematura é claro, num ambulatório ali perto, eu renasci. Nasci duas vezes, entende? Como está escrito na Bíblia!

Ela se levantou e deu alguns passos.

— Você viu meus livros em casa, minha mãe me falou. Não sou uma "porra-louca" nem uma fanática religiosa. Existem certas verdades naqueles livros, você sabe disso, coisas que explicam quem e o que nós somos.

— Nós? Eu me achava poderoso. Era uma aberração, mas sentia orgulho do que podia fazer, e você... você era só um feto e me deu de vinte a zero!

— Nós somos iguais; só temos caminhos diferentes, coisas diferentes para fazer.

— Vi seus livros, Bíblias, seus tratados sobre alquimia, cabala, o Corão. Há muito tempo me cansei desse tipo de coisa. Cada um acredita num deus diferente e todos se acham donos da verdade. Eu tiro o meu sustento da adivinhação, do tarô, dos búzios, das runas, tudo sistema, coisas para decorar e acaso. Você acha que "Não verá o reino de Deus aquele que não nascer de novo"? Besteira da grossa!

— E como você classifica as coisas que acontecem com você, a bolsa da minha mãe, o copo lá embaixo. Acaso e coincidência?

— É alguma coisa física que algum dia vai ser possível medir. Eu sou, ou melhor, *fui* paranormal por algum tempo, como muita gente. Não sou mais e, sobre o copo lá embaixo, quem derrubou foi o *barman*, não eu.

— Eu fiz muito mal a você; por minha culpa, você bloqueou o seu poder.

Nunca tinha pensado por esse ângulo. Ela foi um marco, realmente; porém só não via relação entre ela e o fim do meu dom.

— Já não tenho poder nenhum.

— Tem, sim, e é por isso que você está aqui.

Ela sentou-se novamente e segurou minha mão. Olhava fundo nos meus olhos quando disse:

— Preciso de você para abrir a Arca da Aliança.

Não vi mais nada. Aliás, vi muita coisa. Gente rindo e dançando, fogo, um mar de corpos nus e uma moça que se erguia no meio deles.

Quando abri os olhos era dia. A porta do quarto estava fechada e a cortina da janela entreaberta. O calção de banho úmido me apertava. Eu estava deitado, largado como se tivesse desmaiado, e demorei para entender o que havia acontecido. "Foi tão real!"

Em seguida, lembrei-me de que era o terceiro dia. Eu tinha de me preparar para pegar o avião de volta.

CAPÍTULO V

Partir

O avião partiria às duas da tarde.

Sentia mesmo que era o ponto final. Eu nunca mais veria aquele lugar. Arrumei as poucas roupas na mala e desci para o café com essa sensação.

Sozinho à mesa, eu mastigava pão sírio e saboreava a liberdade que o sonho propiciou. Como que por encanto, eu já não sentia medo ou culpa com relação a Verônica. Voltaria para casa purgado após anos de dúvidas, e só isso já servia para compensar o gasto com essa viagem.

Novamente lutando com meu inglês, pedi a um funcionário que ligasse para a companhia aérea e confirmasse o meu embarque. Paguei a conta, feliz por gastar menos do que imaginava, e resolvi ficar na piscina, onde passei a manhã brincando com os mesmos garotos do dia anterior.

Almocei rapidamente e pude tomar um último banho enquanto providenciavam um táxi. Pena não ter encontrado meus amigos para as despedidas; de qualquer forma, não seria difícil encontrar Verônica no Brasil.

Ao entrar no táxi, senti uma coisa estranha, mas estava ansioso demais para verificar se tinha esquecido alguma coisa ou se o motorista faria o caminho mais curto, coisa que normalmente pergunto.

Havia o problema da língua, já que o motorista não parecia falar inglês e, se eu tivesse esquecido alguma coisa, seria algo sem valor; mas não era isso que eu sentia. Era um sinal de perigo, um aviso que preferi ignorar e que por isso acabei pagando caro.

Algumas quadras adiante, um furgão se meteu na frente do táxi forçando o meu motorista a parar. Do furgão desceram dois sujeitos armados que invadiram o táxi, um no banco da frente e outro atrás, comigo. Gritavam e gesticulavam mandando o motorista continuar. Instintivamente, e sem compreender o que estava acontecendo, levantei as mãos. Foi assim que levei a primeira coronhada no estômago. Nesse momento, soube que deveria ter medo, que o perigo era real, muito real.

O motorista dirigiu por mais algumas quadras até que o sujeito que estava com ele o fez parar e chutou-o para fora do carro, enquanto o outro me enfiava um capuz.

"Guerrilheiros árabes, judeus radicais." Num instante, pensei em tudo o que sabia sobre os conflitos daquela região; eu só não imaginara que um dia eu estaria no meio disso.

Desesperado, comecei a gritar que era estrangeiro, mas as palavras em inglês me fugiam. De qualquer forma, o homem que estava comigo não parecia interessado em nada que eu dissesse, satisfeito em me usar como "saco de pancada".

O pavor me fez calar e o homem parou de me bater, não porque me calei, mas pelos pulos que o carro dava. Estávamos em altíssima velocidade e o vento que entrava tornou-se cada vez mais seco.

Não cheguei a me perguntar para onde me levariam; aliás, não pensei em nada por todo o tempo, cerca de uma hora e meia, o tempo que durou a nossa viagem.

Fui arrancado de dentro do carro depois de termos saído da estrada e rodado por alguns minutos em chão batido. Eles falavam, e enquanto um torcia o meu braço, o outro me esbofeteava; então, fui levado para um lugar coberto, uma construção grande, a julgar pelo eco, e com pedras irregulares no chão. Descemos dois lances de escada e andamos na escuridão por mais alguns metros. Ouvi o ranger de uma porta e fui empurrado para dentro, caindo no chão de pedra. Em seguida, fecharam a porta e saíram apressadamente.

Quando tirei o capuz, vi que estava num cubículo de dois metros por um e meio. A única fonte de luz era uma abertura perto do teto que deixava passar apenas um facho de dois palmos por três dedos; era assim o retângulo que se projetava na pesada porta de madeira maciça. Ao meu lado, uma cama de palha e um cobertor.

Era-me tão difícil acreditar que aquilo estava acontecendo, que permaneci imóvel, calado, esperando ainda mais algumas pancadas. À medida que o eco dos gritos desaparecia da minha cabeça, percebi que precisava acreditar naquilo, em primeiro lugar, para poder imaginar um meio de me livrar da situação.

Andei de um lado para o outro, respirei fundo, sentei no chão em posição de ioga e roí as unhas. Tudo isso tentando me acalmar. "Não é hora de pânico", repetia para mim mesmo. "Se eles fossem me matar já o teriam feito." Isso me pareceu lógico, mas "talvez tenham me confundido com alguém importante, e quando souberem que não sou quem estão pensando...".

Entrei em pânico. Comecei a gritar por socorro e a esmurrar a porta. Gritei até perder a voz; chutei e bati até não suportar a dor. Ninguém. Larguei-me sobre a palha, exausto. O que me restou foi acompanhar a subida do facho de luz pela porta até desaparecer.

Com sede, e na mais completa escuridão, acabei caindo no sono, se é que se pode chamar de sono fechar os olhos entre gemidos de dor e de frio.

Quando amanheceu, eu chorava feito uma criança num canto da cela, convencido de que não veria mais a luz do dia.

Por horas, olhei aquele buraco. Era alto demais para ver através dele e muito perto do teto. Tentei gritar ao ver uma pequena nuvem de poeira, mas minha garganta estava tão dolorida, que o esforço provocou em mim uma crise de tosse. Até isso eu tive de segurar, tal era a dor.

Tudo me doía, cada músculo e junta; mas o pior era a sede.

Quando vi o responsável pela poeira — um pássaro — imaginei que estivesse completamente sozinho. Ninguém viria me matar nem me salvar. Seria o jeito mais fácil e cruel de se livrar de alguém pego por engano: deixá-lo morrer de sede num lugar qualquer no meio do deserto.

Pensei em mais um milhão de coisas, torci, rezei para virem me matar e acabar logo com aquilo. Ninguém, nada além daquele maldito buraco na maldita parede que me separava do mundo, da vida lá fora.

Respirei fundo e consegui me pôr de pé. Eu era puro ódio alimentado por cada foco de dor no meu corpo. Eu mataria qualquer um que abrisse aquela porta. Beberia seu sangue para matar a minha sede.

"É inútil", pensei, "ninguém vai se arriscar a ser preso. Guerrilheiros não pedem desculpas nem libertam seus reféns pegos por engano."

Caí de joelhos, olhando para a porta, e parei de pensar. Deixei a luz, que já penetrava pelo buraco, percorrer o meu corpo. Senti prazer com o calor, mas não me movi. Deixei que o facho atingisse a porta e fosse subindo, como tinha feito desde que aquela abertura fora feita ali.

Eu já estava desistindo, já não odiava ninguém e aceitaria a morte por desidratação. Apenas olhava o retângulo luminoso na porta quando vi um furo grande o bastante para meter meu dedo. Foi o que fiz e, no fundo, encontrei uma superfície mais lisa e fria, de metal. Empurrei-a e ouvi um estalo. Em seguida, usei o vão que se formou para empurrá-la para a esquerda. Então, com o próprio peso, a porta se abriu para fora, rangendo.

Surpreso, saí para o corredor e subi a escada. Tive que parar um momento para me acostumar com a claridade, e então dei uma olhadela em volta. O prédio era quadrado e tinha uma área descoberta no centro. Poderia ter sido um convento ou um quartel, mas estava abandonado há muito tempo. Andei calmamente pelo corredor até que ouvi, ou pensei ter ouvido, um barulho que eu nem saberia identificar.

Não sei de onde tirei forças. Corri o mais que pude para longe daquele prédio.

Tudo à volta era terra, pó e pedras, e de quando em quando um tufo de mato. O sol era abrasador e a sede fazia minha língua parecer enorme.

Não consegui manter a velocidade por muito tempo e, ao olhar para trás, julguei a distância segura. Diminuí o passo mas não parei, mesmo sem ter a menor idéia de para onde estava indo.

Em dois momentos, minha vista escureceu. Eu estava pronto para ter um desmaio, mas lutava para não perder os sentidos, até que avistei um grupo de casas.

Não foi fácil chegar até elas, e — pior ainda — ver que estavam vazias. Não havia ninguém para me socorrer.

Forcei a porta da primeira casa e acabei por cair dentro dela, debaixo de uma mesa e ao lado de um pote de barro coberto por um pano. "Água, afinal!" Que prazer indescritível mergulhar a cabeça e beber em goles enormes, sentindo o corpo absorver a água e a língua desinchar.

Houve um lapso de tempo. De repente, eu que estava de bruços, agora tinha as costas no chão.

Quatro homens me cercavam, e não pareciam alegres com a minha presença. Vestiam túnicas de cores claras e falavam rápido numa língua diferente daquela que eu ouvia no hotel. Um deles, o que parecia mais irado, me agarrou pela roupa e me ergueu do chão. Tentei falar, mas mal iniciei a frase e ele me esbofeteou. Ao me jogar fora da casa, rasgou minha camisa. Ali, velhos, mulheres e crianças gritavam comigo e me batiam, talvez imaginando que eu fosse um ladrão.

Enquanto era golpeado em meio àquele tumulto, reparei que um dos velhos me olhava, não com piedade, mas ele talvez fosse o único ali que tinha alguma dúvida com relação a mim. Devo ter apanhado de todos e, quando não havia mais ninguém para me chutar, cuspir ou socar, esse velho me pegou pelo braço e foi comigo até a uns cem metros das casas. O sol já não era tão forte enquanto ele falava e gesticulava, apontando para o horizonte. Então me deu as costas e voltou.

Não sei se eu já tinha tantas dores que os golpes só fizeram acrescentar certo desconforto a um quadro ruim, ou se realmente não foram tão violentos. Isso me chamou a atenção. Eu não sabia que era capaz de suportar surras seguidas, fome, sede, prisão... "Melhor não pensar."

Mal comecei a caminhar na direção que o velho indicou e ouvi um grito. Um garoto vinha correndo na minha direção, carregando alguma coisa. Era uma túnica como a dele e havia também um saco de couro, um alforje com água. Ele me ajudou a vestir a túnica e correu de volta para não ser apanhado ajudando um ladrão.

Pude esquecer as dores e a fome ao me pôr a caminho, mas assim que o sol se pôs, um vento frio me atingiu.

Eu não sabia se o velho me advertira para não ir nessa direção, sudeste. Minha esperança era atingir uma cidade ou um vilarejo mais amistoso que aquele.

Na escuridão, elegi uma estrela guia e continuei caminhando, mas nada de cidade, vila ou estrada. Quando até minha estrela desapareceu no céu, o frio se tornou cortante. Deitei-me no chão e me enrolei na túnica, mas, ao juntar terra para improvisar um travesseiro, imaginei que a mesma terra poderia ajudar a me manter aquecido. E foi assim que adormeci, com a terra como travesseiro e cobertor.

CAPÍTULO VI

A Sombra

Um lagarto marrom me encarava quando acordei e, ao meu primeiro movimento, saiu em disparada. Tomei alguns goles e abençoei aquele garoto pela água. Levantei-me, ignorando as dores, e recomecei minha caminhada em meio ao silêncio do deserto, mantendo minha longa sombra à frente.

Certa vez, ouvi alguém dizer que somos o que comemos; e quando não comemos, o que somos? Não cheguei a me perguntar isso naquelas horas, mas a resposta de nada serviria, já que, sem comer há mais de quarenta horas, eu não pensava em coisa nenhuma. Futuro e passado eram o próximo passo e o anterior. Eu sentia dores e ignorava as causas; aliás, comecei até a tirar algum prazer delas e não só disso; eu respirava como se pudesse me alimentar do ar e devorava todo o deserto com os olhos. Havia vida e beleza ali, e eu me recusava a ser o único ponto de dor e sofrimento num universo tão perfeito e equilibrado. Tinha meus inimigos como cada um dos pequenos e estranhos animais que via. O maior deles era o sol, e eu nada podia fazer além de cobrir a cabeça e dar o próximo passo.

As horas faziam minha sombra encolher e esquentavam o ar e o chão. O deserto ria de mim ao me mostrar lagos inexistentes. Vi vários até que imaginei que os prédios e casas que se escondiam atrás de uma elevação de terra eram mais uma alucinação.

Manter uma linha reta tornou-se impossível; meu corpo simplesmente não respondia. Foi quando caí de joelhos. O ar que há pouco era o meu único alimento agora era como um ácido que queimava meus pulmões, e o sol, impiedosamente, me castigava os olhos.

Eu não tinha certeza sobre se eram reais os prédios ou se alguém teria me visto. Eu precisava descansar, fechar os olhos e respirar um pouco: essa era a vontade do meu corpo esgotado.

Sonhei com praias e coqueiros. Meu corpo parecia feito de pedra e era muito desconfortável, quase desesperador ficar ali, imóvel. Da minha cabeça saiu uma mulher. Era só um corpo nu no início; não tinha uma personalidade e começou a dançar, misturando-se com as coisas ao redor. Na areia, ela era de areia; no mar, de água; quando saltava, era feita de céu. Ela parou à minha frente de joelhos, como se fizesse uma reverência, e então meteu a mão no meu peito. Era Verônica, que de dentro de mim arrancou, não o meu coração, mas uma caixa enorme, pouco se importando com o meu desespero. Então, quando ela abriu a caixa, acordei sem ver o que continha.

Meus braços estavam presos e havia alguma coisa sobre meus olhos. Sacudi a cabeça para me livrar daquilo, mas senti tamanha dor que não pude conter um gemido. Mãos delicadas retiraram a venda, mas eu não pude ver de quem eram, nem compreender as palavras ditas carinhosamente. Pelo cheiro de éter, aquilo era um hospital e alguma coisa tinha acontecido com meus olhos. A pessoa que estava comigo, uma mulher, fez um rápido exame e, depois de dizer alguma coisa acariciando o meu peito, retirou-se.

Devo ter adormecido assim que ela saiu e, quando acordei novamente, vi apenas uma névoa branca. Logo, a mesma mulher estava ali e, quando tirou a gaze que me cobria os olhos, pude vê-la melhor, tudo um pouco enevoado, mas ao menos pude vê-la.

Eu estava mesmo num hospital e ela era uma enfermeira morena e um pouco acima do peso. Falando o tempo todo, livrou-me das correias que prendiam meus braços, verificou o soro e fez um novo exame em meus olhos com uma lanterna.

Perguntei onde estava, mas ela sacudiu a cabeça, demonstrando não entender minhas palavras.

Mais tranqüilo, tornei a adormecer.

Sonho e realidade se misturavam sem que eu pudesse fixar a atenção em coisa alguma. Num momento, era envolvido por imagens de praias, mulheres e animais fantásticos; noutro, respondia a perguntas sem nexo com frases sem sentido.

De repente, pude ver claramente o teto. Era dia lá fora, mas a luz estava acesa.

— Buenos dias!

Juan largou uma revista no chão e veio sentar-se na cama.

"Não estive sonhando. Estou realmente num hospital", pensei.

Todo sorrisos, ele falou que o dia estava lindo, que eu não me preocupasse com nada além da minha recuperação, pois ele já havia tomado todas as providências. Tive que segurá-lo para que ele me escutasse.

— O que aconteceu? — perguntei.

— Você não se lembra?

Quando ele começou a contar, seu sorriso perdeu um pouco do brilho. O motorista tinha procurado a polícia e contado sobre o seqüestro. Em dois dias, prenderam os seqüestradores que logo disseram onde me encontrar. Eu já havia fugido. Não havia como saber para onde, até o hospital apresentar a minha descrição.

Revi todas as imagens, a escuridão, a fome, as surras. Senti um nó na garganta quando perguntei:

— Há quanto tempo estou aqui?

— Tudo isso aconteceu há uma semana. Eu simplesmente não posso acreditar que você cruzou o deserto sozinho.

Ele parou de falar assim que me olhou. Eu também não acreditava que tudo aquilo tivesse acontecido, e não consegui conter minha emoção. Chorei como quando estava preso: chorei de alívio, por ter sido surrado como um ladrão, e por ter agora um amigo que, desajeitadamente, me abraçava e repetia: *"Ya paso, ya paso!"*

Entre soluços, narrei cada momento e tentei descrever o que senti, o que pensei.

Só reparei que ele também tinha chorado quando se afastou, escondendo o rosto, envergonhado. Juan enxugou rapidamente as lágrimas e retomou as frases curtas e rápidas.

— Falei com o médico. Ele espera que amanhã você possa ter alta. Não estamos mais naquele hotel. Fomos para uma fazenda perto de Jericó. Lá tem lugar para você. Aliás, acho besteira pensar em ir para o seu país nessas condições. Você é meu convidado. Tenho o seu passaporte, mas nenhum dinheiro. Faremos o seguinte: eu te empresto o que for preciso e dou o número da minha conta para que você possa me pagar quando estiver no Brasil.

Repetiu que não me preocupasse com o hospital e garantiu que viria me buscar. Pegou a revista do chão e colocou-a sobre uma mesinha ao meu alcance. Por um momento, imaginei que me beijaria, mas limitou-se a dar alguns tapinhas no meu braço ao se despedir: — *Hasta mañana.*

"Por que somos assim?", perguntei-me, quando a porta se fechou e sorri para o teto. As grandes amizades entre homens surgem em momentos assim, de fragilidade, depois de algum grande esforço, que tanto pode ser encarado como vitória ou derrota. Talvez isso seja herança de épocas em que éramos todos guerreiros e caçadores, por longos períodos separados de nossas mulheres sem saber de nossa parte feminina. Mas a guerra ou a caça sempre continua. A sobrevivência de todo o grupo depende de nossa força e coragem. Mesmo chorando uma perda, uma dor ou uma derrota, é preciso continuar usando nossas espadas e lanças, por isso aprendemos a afastar de nós o lado feminino que imobiliza, por aceitar a emoção.

Uma amiga minha, Andréa, se visse Juan assim, balançaria a cabeça e diria qualquer coisa como: "Os homens são mesmo uns bobos!" Talvez hoje ela tivesse razão.

Quando passava pelo exame com a enfermeira gordinha, senti vontade de urinar. Tentei pedir permissão e acabei inventando uma maneira de conversar usando gestos e palavras em inglês. Fui sozinho até o banheiro, mas tive de fazer xixi sentado. Na volta para a cama, ela quis me ajudar; mas, apesar de fraco, recusei.

Na manhã do outro dia, lá estava Juan com uma sacola de roupas.

Ligamos para a companhia aérea. Apesar de eu não ter a passagem, eu poderia embarcar normalmente com uma segunda via que eles me dariam na hora. Eu só teria que chegar um pouco mais cedo.

CAPÍTULO VII

Rio Jordão

Procurei a enfermeira para me despedir, mas não a encontrei. Achei uma pena, mas o que eu queria mesmo era estar longe do hospital o quanto antes.

Teríamos de enfrentar algumas horas de viagem pela frente. Então passamos num restaurante americano onde pude comer carne com batatas fritas. Só então partimos.

Os dias perdidos depois da desorientação com o fuso horário, a loucura que me levou até aquele país, o trauma do seqüestro, tudo isso fazia com que eu me sentisse aéreo como se estivesse anestesiado. Eu olhava pela janela do carro e me via lá fora vagando sob o sol do deserto, cheio de dores. "É melhor não pensar nisso."

Juan dirigia com atenção, mas, quando percebeu que eu o olhava, disse:

— Se você quiser dormir, fique à vontade. — Ele era realmente um amigo, um porto seguro numa terra estranha; alguém em quem eu confiava apesar de mal conhecer.

Reclinei o banco e, numa curva, vi uma tatuagem na parte interna de seu braço: uma pequena cruz como a das velas dos barcos dos descobridores do Brasil, mas eu já estava mais dormindo que acordado.

O carro estava parado quando despertei suado e com sede. Estava sozinho num estacionamento cercado de árvores; logo Juan abriu a porta e me ofereceu uma garrafa plástica com água. Tinha também alguns pacotes.

— Verônica vai gostar destas lembranças — disse.

— Onde estamos? — perguntei, olhando pessoas desfilarem entre os carros, enroladas em toalhas.

— Na margem do rio Jordão. Só parei por um minuto, mas, se você quiser, podemos dar uma olhada.

"Banho de rio!", pensei imediatamente. Era tudo o que eu precisava, mesmo sendo, como ele explicou, um lugar de peregrinação e batismo.

Havia ali perto um bem-organizado comércio de todo tipo de coisas, desde filmes e lembranças até velas e incenso, passando por lanchonetes e um mercadinho no qual Juan comprou toalhas e roupas de banho.

Ali vi freiras de maiô, pastores, padres, cada um falando uma língua diferente.

Coloquei o calção e entrei numa fila de crentes que seriam batizados. Eu poderia ter ido procurar outro ponto e apenas nadar um pouco, mas me alinhei com eles, excitado por saber que talvez ali o próprio Jesus tivesse sido batizado.

Com a água pela cintura, um pastor de dedos murchos e pele arrepiada mergulhava mecanicamente as pessoas e matraqueava sem parar. Eu fui apenas mais um.

Em vez de sair imediatamente do rio como os outros, apenas me afastei para um lugar onde não seria notado e de onde podia observar a fila.

Sentia um estranho prazer, uma coisa que não sei definir, mas que contrastava com o que via nos rostos das pessoas na fila. "Onde está a fé dessas pessoas?"

Eu os via excitados como eu, mas era diferente. Em geral, eles acreditavam que aquilo lhes traria alguma vantagem, e isso chegou a me irritar.

Uma senhora ruiva revia toda a sua vida. Estava casada há anos com o senhor que estava atrás dela, mas o verdadeiro motivo de estar ali era um antigo namorado que a deixou para tornar-se padre. Desde então ela se sentia suja, a própria pecadora que tentou seduzir um "homem de Deus". Pior ainda: ela gostava de se masturbar pensando nele. Tinha feito isso a noite passada, enquanto o marido dormia.

Apenas minha cabeça estava fora da água. Senti um enorme prazer em revirar a mente dela sem que ela percebesse, como eu não fazia há muito tempo. Deixei-me levar por uma espécie de embriaguez e vi outras imagens soltas de rostos e corpos. Tudo se perdeu sob o peso da última delas: a minha morte.

Tentei despertar daquele transe, mas uma voz surgiu na minha mente: "Você verá o batismo de fogo."

Essa frase me soou como um trovão. Cheguei até a imaginar que um botijão de gás havia explodido numa das lanchonetes. Saí da água assustado e vi as pessoas da fila olhando para cima. No céu, a silhueta triangular como a ponta de uma flecha e um risco branco tênue, que acompanhava seu deslocamento; sem dúvida um avião de caça israelense, que acabava de vencer a barreira do som. "Isso explica o estrondo", pensei.

Um pouco acima, no rio, Juan dava braçadas e flutuava preguiçosamente. Quando me viu, aproximou-se da margem. Foi quando pude ver melhor sua tatuagem.

Ele explicou que fazia parte de um tipo de seita, e que a tatuagem era a maneira que ele encontrou para homenageá-la. Estava longe de ser um fanático religioso; prova disso era o seu desinteresse pelos batismos logo ali, e o meu próprio.

— Mas isto mostra algum grau de hierarquia?

— Não, não temos isso. Não somos militares, apenas um grupo que busca as verdades eternas comparando tudo o que é dito, todas as escrituras de todas as religiões. Basicamente, acreditamos nas coisas físicas como os cientistas mais ortodoxos, mas também nas coisas da alma.

Fez uma careta enquanto avaliava se tinha ou não resumido bem a idéia e me olhou para ver se eu tinha entendido.

— Parte do grupo está na fazenda. Acho que você vai gostar de conhecê-los.

Calei-me por um momento. Normalmente eu me sentiria traído, como se tivesse sendo levado a participar de alguma coisa sem ter tido a chance de opinar sobre se queria ou não. Mas eu não tinha nada a perder e ninguém me convenceria de nada que eu não quisesse aceitar. Não é uma palavra que eu sei usar muito bem.

— Acabo de ser batizado ali — disse, apontando para a fila.

— Bom para você. Como se sente?

"Do que ele está falando?" Eu estava fraco, embora revigorado pelo banho no rio, mas acabara de sair do hospital. Queria falar sobre a minha visão, sobre as palavras que tinha ouvido, sobre a minha morte, mas fiquei com medo de ser tomado por histérico. Seria isso mesmo que eu pensaria se estivesse no lugar dele. Como não haveria tempo, já que ele demonstrava disposição para seguir viagem, respondi com um tímido "Bem" — e comecei a imaginar uma maneira de falar sobre mim e sobre o poder que acabara de recuperar.

Calado, de volta à estrada, fiz algumas associações curiosas: tinha sido batizado no rio Jordão, não por João Batista, como Jesus, mas tinha comigo Juan, que é João em espanhol. Na Bíblia, lê-se que um trovão foi ouvido. O que eu tinha ouvido fora um estrondo sônico que me falou sobre um "batismo de fogo", coisa que o João bíblico também falou.

Pensar nessas coisas me deixou confuso e assustado. Definitivamente, aquele não era o momento de falar de mim, não antes de saber exatamente o que estava acontecendo.

O fato de Juan pertencer a uma seita não me surpreendia. Certamente seria alguma coisa esotérica, a julgar pelos livros que vi na casa de Verônica.

Lembrei-me dela no hotel e de uma frase que Juan usou: "Ela te conhece."

— Até que ponto Verônica me conhece?

Juan saía com o carro da estrada principal para uma secundária e preferia fazer isso em silêncio. Aproveitei para lembrá-lo da conversa que tivemos no bar do hotel.

— Verônica é uma pessoa muito especial, muito especial mesmo. Não sei como explicar em poucas palavras. Ela conhece segredos e controla forças que vão muito além da compreensão.

Juan disse essas coisas franzindo a testa como se sentisse alguma dor.

— Não sei por que ela falou daquela maneira. Parecia uma colegial mimada! Não foi o que você pensou? Eu mesmo não a compreendo. Já a vi como uma criatura absolutamente distante e intocável, completamente senhora de si; já a vi sofrer, sofrer muito e com muita dignidade, e já a vi correr e brincar como uma criança. Tentei perguntar a ela sobre a mudança de atitude para com você; mas ela não respondeu. Disse-me, é claro, para tratar você bem e manifestou um interesse especial nisso.

Deu um grande suspiro e fez uma curva entrando numa estradinha de terra que nos conduzia para o meio do deserto.

— Na minha opinião — continuou — ela sabe o que está fazendo e, se diz que conhece você, então isso é verdade.

Fiquei angustiado ao me ver cercado pelo deserto, e talvez isso tenha feito com que eu pensasse numa vingança.

Verônica não perdeu seu poder. Juan disse que não tinha hierarquia em seu grupo, mas deixou claro que ela se destacava. “Talvez ela controle todos os outros e queira me humilhar antes de...” — gelei — “...antes de me matar.”

Revi, a um passo do terror, tudo o que tinha acontecido no metrô. “Ela me enganou de propósito; no hotel fingiu ser uma coisa que não era para me desarmar, encobrir sua intenção com a fragilidade e burrice de uma garotinha qualquer.”

Respirei fundo e tentei não olhar para fora.

“É o deserto. Tem que ser! Se ela ainda tem metade do poder que tinha, poderia ter me matado assim que me viu. Poderia ter feito o meu coração parar e qualquer médico escreveria ‘parada cardíaca’ para justificar o meu óbito.”

— Teodoro, você está bem?

Eu estava suando e tremendo.

— O deserto... — Foi só o que consegui dizer. Ele acelerou.

— Estamos quase lá. Vê aquela plantação?

— Vá devagar, por favor.

Ele diminuiu a marcha. À nossa frente havia uma área cercada; do nosso lado, o deserto laranja-acinzentado e lá dentro uma enorme plantação de alguma coisa que se parecia com milho, só que mais verde e sem as espigas.

Passamos por um portão e, de repente, estávamos cercados por plantas de quase dois metros de altura. Paramos em frente a uma casa simples, sem um estilo definido, mas com vários quartos, e logo os membros da seita rodeavam o carro nos dando as boas-vindas.

CAPÍTULO VIII

A Gula

Fui apresentado a cada um dos vinte e poucos presentes. Foi como ser o último convidado para uma festa, mas, pelos tipos físicos, era uma festa num consulado. Ali estavam italianos, franceses, ingleses, japoneses, gente de todo canto, de todas as raças e línguas.

Esqueci completamente o medo e o mal-estar de um momento atrás, tal a acolhida que tive. Todos queriam conhecer o brasileiro que trabalhava na tevê.

Dois lados da casa eram cobertos e tinham bancos que pendiam das vigas da varanda. A sala era dividida em quatro ambientes. Havia ainda uma grande cozinha e uma copa, tudo muito funcional e confortável.

Juan era abraçado como alguém da família, e aproveitava para avisá-los sobre o meu estado; mas eles estavam curiosos e Verônica tinha alguma coisa a ver com isso.

Logo eu estava sentado numa das poltronas da sala com um copo de chá gelado na mão e falando abertamente sobre as proezas paranormais da minha juventude — o lado engraçado e agradável, é claro.

Ali descobri que vários deles tinham poder em certo grau. A frase: "Afinal de contas, o que você tem de especial?", introduziu-se na minha cabeça. Não pude localizar a pessoa que a tinha dito, mas soube que era uma mulher e que estava enciumada. Ela não quis fazer a pergunta telepaticamente. Aquilo tinha sido um acidente, por isso não pude me ligar a ela.

Perguntei onde estava Verônica e ouvi, tendo Juan como tradutor, que ela estava se preparando para abrir uma caixa que tinha sido descoberta ali.

"Caixa?"

Lembrei dos meus sonhos, da moça que dançava na praia e arrancava uma caixa de meu peito, e de um outro em que Verônica me dizia que precisava de mim para abrir a Arca da Aliança.

— Temos um sítio arqueológico aqui, e Alec acredita que essa caixa guarde documentos importantes — disse Juan.

Alec era o arqueólogo, um homem enorme, de barba e cabelos longos e descuidados. Isso, e a pele clara curtida pelo sol, me fez imaginá-lo descendente dos *vikings*.

Ele perguntou a Juan se eu falava espanhol e eu mesmo respondi que sim. Então ele me convidou para conhecer as escavações na manhã seguinte.

Se não todos, muitos ali já sabiam sobre o seqüestro e evitaram perguntas sobre o assunto. Eu sentia ainda algumas dores e me cansava com facilidade, de forma que comi um pouco de salada e, assim que o sol se pôs, me recolhi.

No quarto, havia um beliche, uma escrivaninha e uma cama na qual acabei ficando. Nesse quarto eu dormiria com Juan e Vincent, um francês que me mostrou onde estavam os cobertores.

No escuro, antes de dormir, sentia o cheiro das plantas lá fora e tentava encontrar algum outro significado para a visão da minha morte. O batismo no rio fora um impulso irresistível, e eu tinha me deixado levar com tanta facilidade que nem me dera conta de que Juan não estava comigo. De repente, eu estava vasculhando as memórias de alguém como não fazia há anos. Não me surpreendi com isso, nem tive de me esforçar para lembrar como se faz — apenas fiz.

A morte, nas cartas do tarô, raramente pode ser tomada ao pé da letra — é mais comum considerá-la como uma mudança. Só isso.

Mas não foi no tarô que eu tinha visto. Sentia-me bem ali, com aquelas pessoas, a não ser pelo arqueólogo. Ele fora gentil em me convidar. Talvez seu tamanho tenha me impressionado. De qualquer forma, nunca tinha visto um sítio arqueológico de perto e não iria perder a chance. O fato de alguém descender de bárbaros não significa que, quando menos se espera, esse alguém se torne um deles.

Isso me fez relaxar e, entre o sono e a vigília, vi o rosto de Verônica, que disse: — "Seja bem-vindo, Teo."

* * *

Levantei-me com cuidado para não acordar os dois no beliche e senti o cheiro do café.

Há muito tempo eu não dormia tão bem, e isso abriu-me o apetite.

Na cozinha, uma moça morena, coisa comum entre os árabes, preparava o desjejum para um batalhão. Assim que me viu, trouxe leite, café, torradas, tudo o que qualquer um comeria em qualquer país.

Minha pele estava sobrando com a brutal perda de peso de dois dias de fome absoluta e uma semana de soro e vitaminas. Eu mal me reconhecia ao espelho, mesmo sabendo que estava apenas um pouco abaixo do peso ideal para alguém da minha altura.

Juan desceu justamente quando a minha consciência começava a pesar. Tomou uma xícara de café com leite e comeu duas torradas com geléia e me fez corar, perguntando: — O que você está fazendo?

Eu dava mordidas enormes e engolia quase sem mastigar. Não deu para responder; apenas larguei tudo ali e fui com ele encontrar Alec.

Apesar de descampado, o caminho nem de longe lembrava o deserto que cercava a fazenda. A própria terra tinha uma cor diferente. Juan explicou que toda aquela área era irrigada artificialmente por tubos subterrâneos, e aproveitou seu mau humor matinal para me passar um sabão.

— No bar do hotel você disse que era um "gordo de sorte". Respeito o momento de depressão, mas, vendo como e o quanto você come, não poderia ser de outro jeito. É evidente que você já estava satisfeito mesmo antes da minha chegada, mas continuou devorando tudo o que tinha na frente.

— Eu estava com fome. Passei muito tempo sem comer; olhe as minhas bochechas.

Paramos por um segundo para que ele pudesse olhar para mim.

— Você precisa é de exercício e de um pouco mais de auto-estima. O que você quer de mim: amizade ou piedade?

Havia raiva nos seus olhos, e não entendi o motivo disso. Por mais certo que ele estivesse, não tinha o direito de falar comigo daquela maneira.

Senti meu estômago pesado como se tivesse comido uma pedra. "Ele tem razão."

— Você está certo, é uma oportunidade para tentar melhorar a minha aparência.

— Prefiro que você melhore a imagem que você tem de você mesmo. Existem pessoas que são naturalmente mais rechonchudas, mas esse não é o seu caso.

Ele pensou um pouco. A raiva que eu tinha visto desapareceu.

— Desculpe, sei que não é da minha conta, mas você estava muito infeliz no hotel.

— Não se desculpe. Eu mesmo admito que já estava satisfeito.

— Só o que você precisa é de disciplina. Faça isso por você mesmo.

— Disciplina?

— É. Uma vez eu ouvi alguém dizer que é preciso guardar um pouco de fome, não se fartar de comer. Isso gera a saúde. Além do mais, o ato de comer tem outras implicações.

— Quais?

— Por exemplo, basta ver você comendo e fica claro que você está tentando preencher um vazio dentro de você. Não precisaria lembrar da conversa que tivemos para concluir que você é uma pessoa solitária.

Concordei baixando minha cabeça. Nunca tivera amigos de verdade, nenhuma amizade resistiu ao tempo. Fiz parte de grupos na adolescência, mas, quando as pessoas começaram a se casar, fui me distanciando. Isso aconteceu até com meu irmão. Tive algumas namoradas. Duas delas tentei levar a sério; mas, nos dois casos, acabei falando sozinho, assistindo à tevê e ouvindo música ao mesmo tempo.

"Que vida besta!"

— Espero que você não me leve a mal, Teo, principalmente porque temos muito em comum. É por isso que tomei essa liberdade.

Apertei-lhe o braço esperando demonstrar gratidão pela franqueza.

— Você me acolheu muito bem aqui, Juan. Se temos coisas em comum, saberemos com o tempo; mas desde já considero você um amigo. Por isso fique à vontade quando quiser fazer críticas.

— Digo o mesmo a você; estou longe de ser perfeito.

Tratávamos dessas coisas enquanto subíamos um pequeno morro. Do alto, vi o sítio coberto com um plástico amarelo. Homens sem camisa entravam e saíam com carrinhos de mão, tirando a terra que mais adiante era peneirada.

CAPÍTULO IX

A Morte

Alec veio nos receber e começou a explicar a relação entre os níveis escavados e o tempo decorrido. Andei com ele entre os buracos cavados em planos como os degraus de uma escada. Ali fora acesa uma fogueira; mais adiante estavam os ossos de um porco; noutro nível, pontas de flechas; assim, fomos recuando no tempo até o ano 6000 a.C. aproximadamente, o ponto mais baixo de todo o sítio. Ali ele se sentou sobre uma tábua e me indicou outra.

As paredes de terra absorviam todo o som. Quando ele parou de falar, senti com prazer a paz daquele silêncio. "Estamos no lugar onde a caixa foi encontrada."

Alec estava na minha frente, calado, e enquanto pegava um fragmento qualquer e uma escova, falava comigo e me mostrava imagens telepáticas. Homens carregando uma caixa retangular com dois anjos dourados sobre ela. "Davi, o rei, construiu uma casa para guardar essa caixa. Na verdade, era só um quarto com um telhado. A caixa não guardava apenas as tábuas da lei, o pacto feito entre Deus e os homens, porém mais do que isso: ali estava o poder de Deus."

A cena fora tão clara — era como se eu tivesse estado lá. Quatro homens carregavam a caixa segurando-a por paus que prendiam em argolas na caixa; um quinto homem, que andava ao lado, tropeçou nas pedras soltas do chão e, instintivamente, tentou apoiar-se nela. Uma luz brilhou fulminando o descuidado, que caiu envolto em fumaça como se tivesse sido atingido por um raio.

Não tive dúvidas de que Deus estava ali. Era o que aqueles homens acreditavam, e eu, naquele momento, era um deles. "O Senhor dos Exércitos matou um homem sem motivo, um servidor seu que, por acidente, o tocou!"

Fui tomado de um medo tão profundo, que me libertei das imagens e voltei para o meu próprio corpo. Em seguida, fiquei furioso.

— O que é isso? — gritei. — O que você fez comigo?

— O que é que há? Não gostou do que viu?

— Quem, diabos, é você? Como fez uma coisa dessas?

— É o que está escrito. Você viu como aconteceu.

Alec se mantinha sentado, aparentando calma. Aquilo tinha sido violento demais, estúpido demais para a idéia que eu tinha de Deus; por isso, eu me recusava a acreditar. Até que me lembrei da passagem do Velho Testamento.

Confuso a ponto de ficar tonto, voltei a me sentar. Eu não conseguia afastar a cena que se repetia continuamente diante de mim. "Por isso o 'temer' a Deus", pensei; mas consegui deixar de lado semelhante pensamento. "Não pode ser, ele é que é o culpado." Olhei para Alec, disposto a partir pra cima dele. "Ele e esse bando de palhaços!"

— Quem são vocês na verdade? O que vocês fazem? — perguntei, tentando controlar o tom da voz.

— Qual é o seu problema, Teo? Você se imagina o único com poderes no mundo? Não sabe distinguir verdade e mentira? Ou é o medo da morte que o incomoda?

Era eu quem tropeçava. Eu via de longe e, ao mesmo tempo, metia a mão, deslocando a tampa com os anjos.

— Isso é uma farsa, um embuste! Deus não mata!

— Deus não mata? Você realmente pensa assim? Nunca lhe passou pela cabeça que a morte é a única certeza da vida?

— Aquilo não era Deus. Não pode ser.

De repente, me senti fraco. Eu não queria mais esbravejar nem lutar. Nunca pensei muito sobre Deus. Estava satisfeito com o vigoroso senhor de barbas e cabelos longos e brancos, pintado por Michelangelo. Eu não estava disposto a mudar essa imagem. Meu Deus é bom e justo; o Pai que está nos céus, e isso me basta.

Alec escovava cuidadosamente o osso que tinha nas mãos, enquanto minha mente fervia. Isso me pareceu descaso.

"Quer saber? Danem-se! Essas pessoas podem ser muito talentosas, mas eu não vou engolir as idéias deles. Juan pode me levar para o aeroporto. Posso dormir no saguão. Se ele se recusar, dou um jeito de pegar uma carona. Pra mim chega!"

— Bom, Alec, você sabe que estive hospitalizado e ainda não estou completamente recuperado. Acho que vou descansar um pouco. Vou pensar nisso que você me mostrou. Aliás, parabéns, as imagens foram perfeitas. E peço que me desculpe se me alterei.

Levantei-me novamente. Ele nem se moveu.

— Eu gostaria de ter uma palavrinha com a Verônica. Sabe dizer onde ela está?

— Sei, sim. Ela está morta.

— Ora, Alec, que brincadeira é essa?

— Foi enterrada há dois dias, voluntariamente.

Vi *flashes* do momento. Verônica entrando num buraco, vestida de branco, e os outros cobrindo-a de terra.

Lembrei-me de manchetes de jornais que falaram de homicídios cometidos por seitas satânicas, de fotos de pessoas esquartejadas entre velas e símbolos.

— Antes disso ela me pediu um favor — ele disse, me encarando. Tive medo de perguntar qual era. — Qual é o seu pior medo?

Tentei correr quando o vi se levantar, mas ele me segurou da mesma forma como um dia segurei meu pai. Fiquei parado de costas para ele; não pude me mexer nem quando comecei a sentir minha carne sendo rasgada.

Tudo escureceu. Pensei que tinha desmaiado, mas sabia que estava lúcido e sentia o meu corpo na mesma posição. Ergui os braços e caminhei até a parede mais próxima, imaginando que poderia estar ocorrendo um eclipse. Andei bem além do lugar onde a parede deveria estar e não a encontrei! Era como se se tratasse de um outro lugar, e não do buraco onde eu estava. Dei meia-volta e vi a mim mesmo caindo de joelhos e tombando para o lado. Atrás do meu corpo, Alec segurava uma espada antiga ensangüentada.

Meu coração estava a ponto de explodir quando comecei a correr para eles. Minha intenção era empurrar Alec e salvar o meu corpo como se fosse outra pessoa, um reflexo instintivo cuja inutilidade custei a reconhecer. Corri e gritei, mas não pude alcançá-los; era como se o chão escorregasse. "O desgraçado me matou! O desgraçado me matou! Meu Deus! Meu Deus!" Juntei todo o ar que podia para um último grito desesperado: "Não!" E mais uma vez a escuridão me tragou.

Eu era um poço de ódio e medo, imóvel em meio à escuridão da morte. "Por que diabos esse filho da puta foi fazer isto comigo, meu Deus?"

Tentei colocar a mão nas minhas próprias costas, imaginando que encontraria o ponto onde a espada havia penetrado, mas minhas costas não estavam ali. Fiquei confuso por um instante: "Em que posição estou?" Então atinei que não tinha mais corpo para tatear; eu era apenas um ponto de consciência perdido no nada. "Então estar morto é assim?"

Não havia tempo ali, nem nada que desviasse a atenção de mim mesmo. Não sei quanto tempo se passou até que comecei a chorar. A própria idéia de tempo ali era absurda, e esse foi um dos motivos pelo qual chorei, pela falta de pontos de referência, por ter sido vítima da covardia, por um futuro que não tenho mais. Chorei por cada momento passado, por cada erro e cada acerto, mas principalmente pelas coisas que deixei de fazer e que poderiam ter sido boas. Chorei e me lamentei revivendo em detalhes tudo o que me causasse dor. Era só o que eu tinha; era o que me fazia sentir ainda vivo. Esmiucei cada uma das grandes e pequenas tragédias em busca da dor, e fiz isso uma, duas, várias vezes. Tempo eu tinha de sobra; aliás, eu tinha a eternidade para me lamentar.

Quando pensei nisso, me senti um idiota, e chamar a mim mesmo disso me pareceu divertido. Comecei então a me lembrar dos bons momentos. Um dos mais alegres foi um aniversário da minha mãe, quando ela ganhara um vaso cheio de rosas. Meu pai comprou alguma coisa mais, um par de brincos para eu dar a ela, mas eu, aos cinco anos, não me satisfazia só com um único presente. Tínhamos visitas, meus avós e algumas tias, e fiz o maior sucesso quando entreguei a primeira rosa tirada do vaso sem que ninguém visse. Várias rosas e beijos depois, ela percebeu de onde eu estava tirando as flores.

Revi várias vezes aquele rosto, deixando-me levar pelo amor estampado nele, apesar da bronca que estava me dando. "Que mulher maravilhosa! Quem mais poderia aquecer minha alma separada do corpo?"

De repente, alguma coisa aconteceu. O rosto da minha mãe se transformou no de Verônica. Isso não me assustou porque eu percebi no rosto dela o mesmo afeto, o mesmo amor ingênuo. Então, ela virou-se de lado e disse: — Já chega, Alec, é o suficiente.

Vi degraus na minha frente e dei meia-volta. Lá estava ele, sentado na mesma tábua.

— Você entende agora?

Olhei em volta, surpreso, sem entender o que havia acontecido. Há um segundo eu estava morto; foram horas, talvez dias no mais profundo vazio, na mais profunda escuridão, e agora meu assassino falava comigo carinhosamente.

Ele me ajudou a subir os degraus. Lá em cima, Juan me aguardava com seu eterno sorriso. Alec me deu um último tapinha nas costas e disse:

— Acho melhor você descansar um pouco.

— O que aconteceu, Alec?

O rosto dele se iluminou.

— Eu tive a honra de plantar uma semente. Usei um artifício para economizar tempo, mas acredito ter acrescentado alguma coisa à sua experiência. Vá para casa e pense bastante; mais tarde conversaremos.

Em silêncio, Juan me acompanhava de volta. Eu estava perdido no tempo quando lhe perguntei as horas.

— Oito e meia. — E se calou novamente.

— Você nos viu conversando? — Ele apenas moveu a cabeça.

— Já passou por isso? — insisti.

— De uma outra maneira, mais tradicional, mas já passei, sim.

— É o que se chama de batismo de fogo?

— Batismo de fogo? É a experiência da morte. Nunca pensei em chamá-la assim; mas, se trouxe compreensão, se trouxe a luz da sabedoria, pode ser chamada assim, por que não?

— Verônica está bem?

— Sinceramente, espero que sim.

Seguimos calados pelo resto do caminho. Quando chegamos, ele me disse que também tinha de se preparar, e foi na direção da plantação.

A casa estava vazia. Mesmo assim, me tranquei no quarto e não desci nem ao menos para almoçar.

CAPÍTULO X

A Mulher

Deitado na cama, vi desfilar pelo teto toda a minha vida. Desde muito pequeno, eu podia ver o que as pessoas pensavam. No começo, achei que todos faziam o mesmo, e minha mãe me fazia perguntas apenas para me testar — para mim era uma brincadeira. Quando meu irmão nasceu, com o medo natural de perder meu *status*, comecei a mover as coisas. Nada tão sensacional: eu fazia o piso de madeira e o telhado estalar, acendia e apagava as luzes, e uma vez consegui amassar uma panela que estava dentro do armário debaixo da pia da cozinha.

Tudo acontecia, não pela minha vontade, não era pelo esforço; aliás, eu nunca consegui fazer nada ordenando. Tudo acontecia de noite, quando me deitava e relaxava antes de dormir, ou quando ficava com raiva. Foi assim que quebrei os vidros da casa toda e, numa outra ocasião, troquei de lugar todas as compras que minha mãe acabara de trazer do supermercado. Ela as colocara no armário da cozinha, repreendendo-me por algum motivo. Com raiva, fiz com que ela se calasse e em seguida desviei a atenção para os armários. Eu não queria ver nos olhos dela a mesma expressão de medo que via nos de meu pai. Ela notou que eu olhava de um jeito diferente e abriu novamente as portas. Tudo estava fora do lugar, e alguns rótulos estavam trocados. Foi quando começamos a andar de um lado para o outro atrás de respostas.

Com o tempo, aprendi a respirar e a simular o relaxamento necessário para devassar a mente das pessoas, mas fiquei tão assustado por ter segurado meu pai, e depois pela expressão no rosto da minha mãe, que desisti de fazer objetos se moverem.

"Talvez o Alec tenha tido experiências parecidas, mas não se deteve nelas." Quando pensei nisso, reparei que havia alguma coisa dele em mim. Todo contato telepático é uma troca; essa é uma constante reconhecida por qualquer um que estude o fenômeno; a outra é que é impossível mentir, como sugeri que ele estava fazendo quando me mostrou o homem morrendo ao esbarrar na arca.

Concentrei-me e vi um homem pequeno com traços orientais. "Um mestre", pensei. "Alec foi instruído por alguém!"

Isso foi o que pude colher de uma enorme quantidade de informações que se sobrepunham e confundiam. Imagens vividas por ele em épocas e lugares tão distantes, que me pareceram absurdas demais para se traduzir em pensamentos meus. É assim que os sonhos são esquecidos, e era mais ou menos o que eu estava fazendo com minha experiência de morte.

"O que ele pretendeu com isso?"

Lembrei-me de uma frase dele: ele faria um favor à Verônica. Onde ela entraria nisso?

Não consegui ver a relação, mas tudo e todos ali estavam ligados a ela de alguma forma, e por alguma razão ela se ligava a mim, o que causava certo ciúme nos demais.

Na verdade, nada disso me preocupava. No resto da manhã e da tarde, fiquei perdido em devaneios em torno do rosto de minha mãe e do amor que sentia. Ela e Verônica se fundiam, e isso me incomodava.

Ela fez Alec parar, e sobrepôs o rosto dela ao de minha mãe. Por quê?

* * *

A noite me surpreendeu. Quando saí do quarto, estava disposto a comer um boi inteiro. Sem ver ninguém, cruzei a casa toda direto para a geladeira, mas assim que a abri lembrei-me de Juan e da conversa que tínhamos tido de manhã. Fiz um sanduichinho, com tudo de nutritivo, mas em pequenas quantidades, tomei um copo de leite e quando comecei a comer uma pêra ouvi o que me pareceu um grito.

De uma das janelas da sala escura pude ver um clarão no meio da área plantada. Imediatamente, larguei a fruta e corri para lá imaginando tratar-se de um incêndio — isso explicaria a casa vazia. Ao me aproximar, reparei que estavam cantando e tocando instrumentos; então diminuí o passo. Quando pude vê-los, reparei que alguns dançavam e rodopiavam vestindo uma espécie de roupão com capuz, enquanto os outros estavam sentados no chão bebendo alguma coisa e ouvindo as músicas.

Era uma clareira grande com a fogueira bem no meio. Alguém me chamava, mas eu não conseguia identificar quem era, já que as roupas eram todas iguais e de cor escura. Alec se aproximou jogando o capuz para trás.

— O que é isso, uma festa? — perguntei, mas cantavam tão alto que ele demorou a entender.

— Sim, festa! — disse afinal. — Você pensou bastante?

— Pensei. Acho que foi a experiência mais marcante de toda a minha vida! — respondi tão alto quanto a pergunta.

— Beba isso e divirta-se. Depois, falaremos. — Eu não tinha percebido o copo de barro em sua mão, e quando provei dele, não soube identificar o que era. Ia perguntar quando Juan surgiu, dançando. — Isto é ótimo! — Tirou o copo da minha mão, tomou um gole e saiu rodopiando, enquanto Alec chamava a atenção de alguém a poucos metros e lhe fazia alguns sinais. A pessoa pegou alguma coisa perto dos músicos e trouxe para mim.

— Tire suas roupas — ordenou a simpática moça que me oferecia um roupão como o dela.

Eu já sentia o vento frio que soprava no deserto à noite. O capuz seria bem útil e o tecido de feltro ou de flanela grossa dispensaria as roupas por baixo. Ela repetiu a ordem; sem pensar, tirei a camiseta, e já metia o braço no roupão quando ela me segurou e apontou para minha calça. — Toda a roupa.

Olhei em volta, envergonhado, peguei o roupão e me enfiei entre as plantas, mas, quando me virei para ver se já não seria visto, dei de cara com ela.

Sem a menor cerimônia, ela me ajudou a tirar os tênis, a calça e a cueca. Colocar o roupão foi fácil. Então ela me levou pela mão para junto dos outros.

Alec não estava onde eu o tinha deixado, e quando ia me sentar, Juan, que passava por ali, me agarrou e me fez rodopiar com ele e os outros. Em poucos segundos eu estava me divertindo tanto quanto qualquer um ali, e também, meio embriagado como eles, eu dançava como criança.

Perdi a noção do tempo e a vergonha assim que vi os primeiros corpos nus — livrei-me do roupão pouco me importando com a temperatura.

Minha mente era um vazio, apenas os acordes guiavam meu corpo em volta do fogo. Eu estava só e sentia todos os outros dentro de mim; eu e eles éramos uma só pessoa girando e dançando. A união era tão forte, que mal tive idéia de dar as mãos a quem estivesse ao meu lado e já as vi estendidas, de forma que fizemos um círculo em volta da fogueira.

Quando a música parou, paramos de rodar sem desfazer o círculo. Um casal que tinha ficado de fora trouxe uma terceira pessoa ainda vestida. O círculo se abriu para recebê-los, fechando-se assim que eles entraram. Cada um em sua língua começou a rezar, criando um tumulto incompreensível de vozes.

Senti uma onda de calor me percorrer lentamente o corpo, dos pés à cabeça, e então eles despiram a pessoa. Não pude ver quem era, mas não foi difícil deduzir. De costas para a fogueira, Verônica era homenageada com beijos de cima para baixo: primeiro na testa, nas bochechas e na boca, depois nas mãos, nos seios, no umbigo e no púbis; por último, nos pés.

O círculo girava lentamente para que todos pudessem cumprimentá-la desse modo. Fiz o mesmo quando chegou a minha vez. Ela estava magra e tinha a pele tão branca que brilhava com a lua. De seu rosto, de todo o seu corpo se irradiava uma sensação tão agradável... sua beleza me fazia estremecer de emoção.

Compreendi o que todos sentiam por ela. Era a terra do chão, a luz da lua, a Grande Mãe, a dona dos segredos indizíveis.

Meu êxtase se deu ali, aos seus pés, e chorei para evitar que meu peito explodisse. Ela me tocou de leve a cabeça; então, pude voltar ao meu lugar.

Eu estava lavado quando vi o sorriso da moça que me ajudou a tirar a roupa — lavado por dentro e por fora.

Quando o último de nós voltou para a roda, ela começou a cantar alguma coisa que lembrava uma canção de ninar numa língua que eu desconhecia. Sua voz era tão clara e límpida que fazia vibrar o meu peito. Vi luzes flutuarem sobre ela como se brincassem umas com as outras e conosco. Eram coisas vivas, e sua felicidade contagiava. Tive vontade de rir, mas meus olhos se turvaram novamente.

Terminada a canção, o mesmo casal se apressou a vesti-la. Era novamente Verônica e estava fraca depois de ter estado enterrada sem comer nem beber por três dias. Fizemos uma última oração e, desfeito o círculo, ela foi levada para a casa.

Os músicos retomaram seus instrumentos, mas poucos dançavam; a maioria se reunia em rodinhas comentando o que tinham visto e sentido.

Assim que me viu esfregar os braços, a moça que estava comigo me levou até onde estavam os roupões. Como estávamos próximos dos músicos, nos sentamos abraçados no chão para ouvi-los e nos aquecer.

Eu não sabia o que dizer e não estava, para dizer a verdade, muito preocupado com isso. Algumas músicas depois, quando tentei perguntar seu nome, ela me fez calar colocando o dedo na minha boca.

— Apenas sinta. Teremos muito tempo para falar.

Quando percebeu que eu concordava, tirou o roupão para usá-lo como cobertor. Imitei seu gesto e então nos deitamos sentindo, cada um, o calor do corpo do outro e nos acariciando.

Logo estávamos nos beijando, e quando os dois últimos músicos foram embora, fizemos amor tão suave e silenciosamente, que eles nem sequer teriam percebido se estivessem ali.

Adormecemos ali mesmo e só voltamos aos nossos quartos quando o sol nasceu, de mãos dadas como se fôssemos o primeiro namorado um do outro.

CAPÍTULO XI

Quem, Eu?

Acordei com o cheirinho da comida. Eu estava tão bem-disposto que tinha vontade de dançar. Na cozinha, disputei com os outros famintos risonhos salada, pão e frango.

De um jeito ou de outro, eu já os entendia e me fazia entender por palavras em inglês, espanhol ou por mímicas.

Alec desceu apressado, sorriu, comeu o mínimo necessário e correu para suas escavações. Depois, veio Juan, bocejando ruidosamente.

— O que achou do seu dia de ontem?

Demorei um pouco para responder. Eu queria que ele percebesse toda a intensidade do que eu sentia.

— Ontem foi o dia mais fantástico, mais extraordinário de toda a minha vida! Há muito tempo, muito tempo mesmo, eu não me sentia tão vivo!

E disparei a contar detalhes da minha "morte", das flores que roubava para minha mãe, das idéias que me passaram pela cabeça enquanto estive trancado no quarto, da doce loucura enquanto dançava, do meu êxtase e, por fim, da garota. A isso acrescentei um toque talvez excessivo de malícia, e ele não escondeu sua decepção.

Calei-me, calculando a extensão do estrago. "Ela falava espanhol e ele é de lá." Imaginei que ele gostasse dela e que estava esperando o momento certo para se declarar, ou, ao contrário, que talvez já tivessem tido um caso que não deu certo. Se fosse assim, como ficaria minha relação com ele?

Juan respirou fundo e, com ar grave, disse: — Você está passando por cima de todo o simbolismo, e a culpa deve ser minha. — Olhou fundo nos meus olhos. — Acho que chegou a hora de lhe explicar quem somos e o que fazemos aqui.

Comeu rapidamente o resto de salada que tinha no prato, pegou uma perna do frango e se levantou. — Mas não aqui — sorriu —, vamos dar um passeio?

Saímos da casa em silêncio. Ele parecia escolher palavras e imaginar um sistema para me fazer entender alguma coisa. Passamos pelos carros estacionados e seguimos pela ruazinha que ia dar no portão.

Pensei numa coisa engraçada ao ver a maneira como ele segurava a perna do frango. Ele me bateria com ela e gritaria: A mulher é minha! Eu a vi primeiro!

— Quem você acha que está mais perto de Deus; nós ou aquele grupo que esperava em fila para ser batizado no rio Jordão?

"Não, a mulher não é dele", pensei.

Ele não parecia ter encontrado o tal sistema. Tinha feito a pergunta sem me olhar, mantendo a seriedade nos olhos distantes.

"Deus." Esse é um nome que se repete quando se pede alguma coisa ou quando se está em algum apuro. Eu poderia repetir a mesma coisa que qualquer padre diria a uma criança: "o Criador de todas as coisas que no sétimo dia descansou"; "então", eu acrescentaria, "ele continua descansando e vendo tudo de muito, muito longe."

— Não acho que Deus realmente se importe — eu disse. — Talvez aos olhos Dele sejam apenas dois grupos com métodos diferentes, um mais ingênuo, outro mais sofisticado, mas todos querem ser donos da verdade.

"Eu o confundi; não era isso que ele queria ouvir." Soube disso ao vê-lo calado, pensando.

Demos mais alguns passos, e quando encontramos uma sombra, nos sentamos no chão.

Novamente ele respirou fundo.

— Nós buscamos as verdades eternas em todas as religiões. Pesquisamos a história e colecionamos documentos com a ajuda de médiuns, xamãs, iogues e telepatas. Conseguimos realizar muitas coisas que facilmente seriam chamadas de milagres, e isso sob rígido controle. Você tem razão quando diz que todos querem a verdade. Eu concordo plenamente e digo mais: todos querem o poder, não necessariamente o poder de Deus. Para muitas religiões e seitas basta o poder sobre os homens, isso é suficiente. Já ouviu falar nos Templários?

— Já, era uma seita secreta, ou coisa assim.

— Secreta sim, seita não. No início, eles eram um grupo de cristãos armados, isso no primeiro século d.C., e decidiram proteger os viajantes e romarias para Nazaré, Belém, os lugares sagrados. Acontece que judeus e muçulmanos também eram assaltados e, como estavam fazendo um bom trabalho, estenderam a eles a proteção. O convívio favoreceu a troca de idéias. Isso já vem desde aqueles tempos, até que chegamos ao século XX e o mundo fica muito pequeno com a facilidade de comunicação e de transporte. O nosso grupo é um desdobramento do que eles eram. Não oferecemos mais proteção, mas guardamos muitos tesouros e filosofias. Também não nos limitamos a essas três religiões; hoje estudamos todas, sempre com a mente e o coração abertos. O resultado, ou uma pequena parte dele, você pôde ver e sentir ontem.

— E por que vocês não anunciam ao mundo, por que não divulgam tudo o que sabem?

— Tudo a seu tempo. Em primeiro lugar, por sermos humanos e passíveis de corrupção. Alguns objetos que guardamos seriam facilmente transformados em armas ou gerariam discórdia e cobiça; por isso estão escondidos. Divulgar os milagres atrairia multidões de doentes e fanáticos ávidos por respostas simples e resultados rápidos, gente que não gosta de pensar e que aceita o que quer que lhe seja dito. Não queremos massa de manobra; não queremos o poder sobre os homens.

— Você disse objetos que seriam transformados em armas? Isso é possível?

— Quando torna um homem invencível, sim.

— Uma vez eu assisti a um ritual para os mortos de uma tribo do Xingu, no Brasil. Durante a preparação dos troncos que simbolizavam os homenageados, deixavam as crianças brincar e até ridicularizar os troncos e o próprio ritual. Depois disso, os troncos eram usados para coisas que nada tinham a ver com o ritual. Num momento, eram troncos pintados, noutro eram os mortos da tribo e no momento seguinte eram bancos, mesas ou lenha. Disso concluí que as coisas sagradas só o são enquanto o são, entende?

— Há muita lógica no que você diz, mas, há exceções. É uma questão de quem toca no objeto: se são os homens para alcançar a divindade ou se é a divindade para falar aos homens.

"Talvez me falte fé para acreditar nisso", pensei. Então me lembrei da caixa.

— É mesmo a Arca da Aliança que o Alec descobriu aqui?

— Isso é o que estamos por saber; aliás, ela foi usada como arma, segundo o Velho Testamento.

Revi a experiência do homem que esbarrou na caixa e foi fulminado. Isso me levou ao Alec e à ilusão que ele me revelou. Certamente, Juan sabia que ele era um telepata e talvez conhecesse quem o treinou.

— Como ele fez aquilo comigo? Quando voltei a mim, demorei a acreditar que não estava morto. Ele nasceu telepata e alguém o ensinou, ou aprendeu aquilo sozinho?

— Ele não nasceu telepata. Ele aprendeu com um xamã esquimó. Sobre isso pergunte a ele, que ele terá prazer em contar.

— Você sabe que eu também sou? Acredita nisso?

— Claro, eu e todos aqui.

— E o que mais vocês sabem?

— Não muito, só o mais importante, como o seu encontro com Verônica antes de ela nascer, e alguma coisa sobre suas últimas encarnações.

— O que exatamente ela quer de mim?

— Que você esteja presente quando a Arca for aberta.

— Você sabe o que aconteceu nesse encontro com ela?

— Juan olhou para cima e para baixo buscando palavras.

— Não exatamente. O que ela conta é que foi você quem despertou a deusa nela, mostrou-lhe muito dos desejos e sentimentos humanos e que lhe deu o nome. No princípio, todos ficaram com a impressão de que você era um mago experimentado, mas ela se apressou a dizer que você passava por uma fase de negação. A imagem que ela usou foi a de uma lagarta no casulo, antes de se transformar em borboleta. De qualquer forma, ela nutre por você um sentimento especial, alguma coisa mais próxima e pessoal.

Nesse ponto, Juan sorriu, apoiou sua mão no meu ombro e o apertou.

— É, meu amigo, como você pode imaginar: sua presença aqui desperta ciúme em muitos de nós.

Pensei em tudo o que aconteceu no metrô e aquilo simplesmente não correspondia ao que ele estava dizendo. Ela arrancava de mim tudo o que eu sabia. Eu não tinha a mínima intenção de dar coisa alguma; quanto ao nome, era possível, mas despertar nela a deusa? Isso era absurdo.

— Juan, eu não me vejo como alguém que mereça admiração ou ciúme. Fui telepata por algum tempo, quando eu era adolescente, mas todo o poder se foi, desapareceu completamente até o meu batismo no rio. Desde então, consegui voltar a ver o que as pessoas pensam; vejo resumos de suas vidas. Ontem vi luzes incríveis durante o ritual, mas é evidente que qualquer um de vocês sabe muito mais do que eu.

— Verônica é a guardiã de muitos segredos. Ela vê tudo, sabe tudo e não traria você aqui se você fosse a pessoa errada.

Aí estava a explicação da loucura que me fez ser demitido da rádio e comprar a passagem para esse lugar: era ela comandando os meus atos. Mas a essa altura dos acontecimentos o que eu tinha a perder? Como voltar atrás?

— O que há na arca, além das tábuas dos mandamentos?

— Alec não lhe falou? Dentro daquela caixa está alguma coisa que só alguém muito especial poderá suportar e traduzir. Segundo Verônica, ali está o poder de Deus, e se ela diz que é você quem pode fazer isso é porque este é o seu destino, e ninguém se colocará no caminho.

Até aquele momento, eu imaginava que a premonição que tive no rio se referia à morte que Alec possibilitou, mas podia estar errado.

Para mim Verônica ainda era uma incógnita. Tive medo dela no primeiro encontro e me decepcionei com aquela tagarelice. Sonhei com uma conversa que aliviou boa parte do remorso que eu sentia, e agora ela era a grande deusa, como a chamavam aqui. Vi do que ela era capaz. Se chamá-la de deusa me parecia exagero, com certeza ela ainda tinha todo o poder, ou ainda mais, desde o nosso encontro no metrô.

Poderosa, sim, mas alguma coisa deu errado, ou eu não teria sido seqüestrado, nem teria passado por tudo aquilo. Eu queria confiar. Não conseguia imaginar que uma caixa pudesse conter um poder psíquico capaz de matar alguém; mas, e se tivesse? Será que ela me protegeria?

Uma parte de mim dizia que era eu aquele que esbarrou na caixa e foi morto; a outra parte achava isso um absurdo.

Senti algum receio, mas, estranhamente, talvez por já ter passado por um tipo de morte nas mãos de Alec, essa idéia já não me apavorava como antes.

Conversamos ainda sobre a relação entre sabedoria e poder. Juan viu muitos novos iniciados se assustarem com as coincidências que geravam e desistirem do poder por não se julgarem aptos ou sábios o suficiente para usá-lo. Ele mesmo era um deles e afirmou, envaidecido, que já tinha quase todo o conhecimento de que precisava.

O Sol se pôs de repente e, no caminho de volta, com ar de "eu chego lá", ele falou sobre a diferença entre conhecimento e sabedoria.

— O estudo traz conhecimento, mas é com a dor e com uma mente aberta que se atinge a sabedoria — dizia ele quando chegamos.

CAPÍTULO XII

Alec

Peixe e salada constituíam o jantar. A visão foi desanimadora. Cheguei a comentar com Juan que, se Alec tivesse descoberto a arca na Itália, estaríamos comendo lasanha, canelone, ravióli, comida forte e que satisfaz.

— E se fosse na França? — perguntou ele, e acrescentou mais algumas delícias à minha lista. Perguntei a ele se, quando esteve no Brasil, foi a um rodízio de carnes. Ele se lembrou dos pratos espanhóis e alemães e eu dos japoneses, chineses e sul-americanos. Enfim comemos peixe e salada, mas sentindo todos aqueles sabores.

Atraímos a atenção de mais dois rapazes que trouxeram à conversa o lado exótico de comidas como a indiana e a javanesa. Um exemplo foi o cérebro de macaco e outro o cupim.

Acabamos de comer ao mesmo tempo e fomos para a sala onde Alec exibia um álbum de fotografias.

A casa parecia a sede de um clube: pessoas riam e falavam alto; um grupo jogava cartas, outro dominó; uns entravam e saíam; outros ainda conversavam baixo e de repente explodiam em gargalhadas.

Alec, a julgar pelas fotos, era o típico aventureiro. Numa foto ele estava no mar; noutra num deserto, ou numa montanha gelada; em outra ainda ele estava entre índios brasileiros, e havia muitas fotos de um mesmo rosto: um velho com traços orientais e roupas de pele, provavelmente o tal esquimó.

Ele estava sentado numa poltrona, e pelo menos oito pessoas tentavam ver as fotos e ouvir o que ele dizia. Seria inoportuno fazê-lo parar para me dizer o que eu já sabia: que aquele tinha sido seu mestre. Então, deixei que seguisse até que, no final do álbum, reparei em algumas fotos soltas a que ninguém deu atenção.

— E essas últimas, Alec, do que são?

— Ah! Teo, desculpe, você e Juan ainda não viram. Essa é a caixa que encontrei no sítio. Vejam.

Eram polaróides mostrando, de vários ângulos, uma caixa cinzenta. Era feita de madeira grossa, e, se tinha algum entalhe, o tempo o fez desaparecer.

— Notem os furos nas laterais e na parte de cima. Aqui deviam estar as argolas para erguê-la, e em cima os dois anjos deviam estar apoiados.

— E onde está tudo isso? — perguntei.

— Alguém deve ter retirado. Talvez saqueadores ou

alguém que quisesse disfarçá-la para que quem a achasse não pensasse que era a Arca da Aliança, mas um baú qualquer. A terceira possibilidade é que seja isto mesmo: um baú qualquer.

— Você acredita nisso?

— Enquanto cientista, tenho de levar em conta todas as possibilidades; mas, Teo, o que você sente ao olhá-la?

Eu já vinha sentindo alguma coisa diferente desde que tinha visto essas fotos no final do álbum. Havia alguma coisa ali dentro, era o que eu sentia. Eu podia ouvir sua respiração, sentir sua presença, seus olhos me vendo através das paredes de madeira, indiferente, frio como um velho soldado: "O Senhor dos Exércitos."

— É a Arca. Não tenho a menor dúvida.

A frase saiu num tom um pouco mais grave do que de costume e, apesar de olhar para a foto na minha mão, a atenção não estava nela, nem em lugar nenhum.

Despertei quando Alec a tirou de mim.

Fiquei confuso por um momento, revi a imagem do homem sendo morto, mas senti certa intenção da parte dele. Não foi exatamente sem querer que ele esbarrou na tampa; mas eu não poderia dizer qual era essa intenção.

Os que estavam conosco se dispersaram pela sala; então pudemos nos sentar e falar mais livremente.

— Você tem aí a foto de um velho oriental. Quem é ele? — Eu me senti um pouco frágil diante das dúvidas e da incapacidade de definir o que via, e pensei que o mestre de Alec poderia me ajudar. Ele abriu o álbum exatamente na página que eu visualizara e me mostrou.

— É um feiticeiro esquimó, um xamã dos mais famosos da Sibéria. Eu o encontrei quando estudava os motivos e os métodos de mumificação, e ele conhecia todos os segredos. Passei dois anos com ele; anos incríveis, em que vi coisas em que eu mesmo custo a acreditar.

"Você não precisa dele, Teo, aprenda comigo. Você pode ir bem mais longe do que eu, ele ou qualquer um."

Ele olhava para mim esboçando um sorriso; sabia que eu tinha ouvido o que ele pensara.

— Esse homem, Teo, andava nu entre as geleiras — disse Juan. — Não precisava pescar; bastava que fizesse um furo no gelo e os peixes pulavam para fora. Mas o que nunca ouvi do Alec foi como e por que o xamã o escolheu.

Eu tinha, na memória da alma, toda a experiência de Alec desde a minha "morte". Telepatia é troca; logo, tudo o que ele dissesse a Juan me soaria como coisa já vista, mas passaria da memória da alma para a do corpo. Isso é aprender.

Fiquei surpreso ao perceber que a ligação que eu tinha com ele era íntima a ponto de saber qual palavra ele usaria em seguida. Meu corpo se perguntava: "Como isso é possível, se o conheço há apenas algumas horas?"

Quanto a Juan, eu me identificava com ele em outro nível; eu sabia que ele também escutava os pensamentos, mas não tinha como reconhecê-los, ou melhor, se recusava a aceitá-los.

— Foi um pescador quem me falou dele numa tribo esquimó, depois de três meses de perguntas. Normalmente, os xamãs são ermitões; já nascem diferentes. São como os artistas na nossa sociedade; crescem com interesses diferentes, distantes do dia-a-dia das aldeias, e, quando adultos, têm de optar entre ser inútil na aldeia ou isolar-se. Sofrem com a distância, mas desenvolvem um estranho gosto por ela. Aprendem a tirar vantagem da dor e acabam dominando-a, assim como tudo à sua volta. Então começam uma viagem para dentro deles mesmos, de onde trazem as coisas que Juan disse. Por duas semanas, perambulei sozinho pelo gelo, seguindo o mapa que o pescador fez para mim. Eu estava quase congelando quando constatei que estava perdido e que não sobreviveria. Mas não parei de procurar. Foi quando encontrei o seu iglu. Sabem qual foi a primeira coisa que ele me disse? Foi isto: — Você é muito teimoso; se tivesse se perdido e desistido antes, teria me encontrado mais rapidamente. — O tempo todo ele sabia que eu o estava procurando. Eu já tinha idéia de quem e do que ele era, mas minha teimosia ainda era com relação às múmias: era isso o que eu pensava. Ele me ensinou tudo o que sabia e me mandou embora como se eu fosse um pedinte numa esquina. Durante os dois anos em que éramos as únicas pessoas em quilômetros de água e gelo, falamos muito pouco. Ele queria que eu me sentisse só. Depois eu entendi que era para buscar as "pessoas" que moram dentro de mim. Ele me ensinou o básico: como pescar, como fazer fogo e me manter aquecido — disse tudo isso de uma vez só, pausadamente, e depois sumiu por meses, me deixando em seu iglu.

Enquanto ele falava, eu via a mim mesmo sozinho na cela, caminhando no deserto, sofrendo e sem esperanças. Mas não entendi uma coisa.

— Pessoas dentro de você? Como assim?

— Simples. Como é quando você está sozinho pensando? Não existem perguntas? E não é como se alguém respondesse? Você sabe que quem faz e responde às perguntas é você mesmo, como se as fizesse olhando de determinado ponto para um lugar vazio e trocando de lugar para responder, certo? E se daí você pudesse ver a si mesmo sentado lá? No início, é preciso forçar um pouco a imaginação, mas logo essa outra pessoa ganha vida própria e uma personalidade diferente da sua. O que acontece então com a solidão? Desaparece. E o que você tem agora? Um guia no mundo invisível. Lá você encontrará mais pessoas, e todas elas estarão dentro de você. Entendeu?

"Ao menos você tinha alguém para orientá-lo nessa solidão. Eu não, eu fiquei sozinho no deserto e não tinha o seu objetivo de crescer espiritualmente", pensei, sabendo que ele me ouviria.

"Está na memória da sua alma", foi a resposta. "Procure e encontrará, não só o seu guia, mas também seus antepassados e Verônica."

— Como você se tornou um telepata? Eu nasci assim e sempre pensei que era o único modo de ser. Ou se nasce telepata ou não se é. Como você conseguiu?

— É difícil, mas vou tentar explicar: A pele é uma barreira. Dentro dela está você, e fora dela tudo o que não é você. Não é assim? Eu sempre achei que era, mas... acompanhe o meu raciocínio; hoje está sendo plantado o pé de alface que você vai comer daqui a seis meses lá na sua terra. Essa alface, quando você a comer, estará dentro de você, por trás de sua pele. Logo será uma parte de você, certo? E ela sairá, navegará num rio, misturar-se-á com a terra e servirá de alimento para microorganismos que são alimento de outros maiores até voltar para você, talvez num bife. Aí, eu pergunto: é a pele o limite? Outro exemplo: quem dirige um carro por muito tempo conhece tão bem as dimensões dele que sabe quase exatamente a que distância está do meio-fio quando estaciona. É suficiente? A resposta para a pergunta é não; a pele não é o limite, e sim o que eu quiser que seja.

Ele fez uma pausa, nos observando.

— Eu vi a cara que vocês fizeram quando falei da alface. Nesse caso, eliminem o tempo e vocês terão um fluxo contínuo para dentro e para fora do que vocês conhecem como Teo e Juan; isto é, vocês estão agora em vários lugares, entendem? E por que não dentro de outras pessoas? Teo e Juan não são apenas "bolsas" de comida; são arquivos de informações. Se eu falo alguma coisa para você, estou dando um pouco de mim; sou como o pé de alface e, ao mesmo tempo, coloco o limite da minha pele além de vocês e os deixo fazer parte do que sou. Então, os pensamentos de vocês tornam-se os meus. Entenderam?

Seguiu-se um longo silêncio. Juan respirou fundo, como se fosse perguntar alguma coisa, mas desistiu. Com certeza, Alec tinha se exercitado muito antes de conseguir isso, e se esqueceu de falar da função do seu guia nisso tudo. De qualquer forma, eu não perguntaria mais nada, mesmo sem estar certo de ter compreendido.

Meu coração começou a bater forte quando vi uma

moça se aproximar por trás dele e tocar-lhe o ombro, olhos fixos em mim.

Ele se levantou e me apresentou a Lisa, lembrando que fora ela quem tinha me ajudado a vestir o "balandrau", o roupão que eu tinha usado na festa-ritual da noite anterior.

Juan tinha uma expressão de embaraço, mas preferiu disfarçar. Dei meu lugar a ela e sentei-me no braço da poltrona. Continuamos de mãos dadas mesmo depois do cumprimento, enquanto Juan, em espanhol, fez um rápido resumo do que tinha sido dito.

Não consegui mais prestar atenção ao que Alec dizia; então, convidei-a para ir comigo lá fora, onde poderíamos conversar.

A primeira coisa que fiz assim que passamos pela porta foi beijá-la; em seguida, ficamos abraçados um longo tempo sem dizer uma palavra.

Nesse momento, eu tinha a mente vazia e apenas sentia o calor do corpo dela. Era como descansar depois de dias e noites trabalhando arduamente — era como ser uma planta no sol e, de repente, receber água; era como estar perdido e encontrar o caminho.

Senti que precisava dela, que ela me completava. Não havia nada de místico, de mágico ou de oculto nisso. O que eu sentia era apenas o que qualquer homem sente quando seu coração elege uma mulher.

"Por que aqui?", pensei. "Por que alguém que, terminada esta aventura, posso nunca mais ver?" Eu precisava tê-la comigo, conhecê-la melhor e garantir que não nos separaríamos tão cedo. Disparei a falar de mim, quase como quem preenche um relatório e "mandei bala" nas perguntas básicas.

Ela era de um *pueblo* ao norte da Catalunha ao pé dos Pireneus, tinha 32 anos e trabalhava num escritório de advocacia em Barcelona. Respondeu a essas perguntas tão rapidamente quanto eu as fiz e, com um sorriso que custei a entender, tapou-me a boca com uma das mãos e levou o indicador da outra até a sua pedindo silêncio. Depois, falando pausadamente em espanhol, disse:

— Fique calmo. Eu também me sinto atraída por você e não vou deixar que você saia da minha vida tão facilmente. Temos tempo para nos conhecer; talvez muito tempo.

Aos poucos fui relaxando, nos sentamos num dos bancos que pendiam do telhado e, mais tranqüilo, pude observar o céu noturno, respirar a brisa que vinha da plantação e sentir o calor e o hálito agradável da mulher que, naquele momento, era tudo o que eu precisava para viver.

Namoramos ali como adolescentes, entre longos períodos de silêncio; fazíamos comentários sobre a lua ou sobre nós mesmos na noite anterior. Até que o cansaço e o sono novamente nos separou.

No quarto, antes de dormir, ainda ouvi de Juan que, segundo o que ele entendeu do que Alec disse, expandir o limite imposto pela pele poderia ser visto como um exercício de amor.

— Como assim, Juan?

— É que só quando amamos podemos entender o que é fundir-se com alguém; então, o que ele faz é controlar esse amor a ponto de torná-lo uma espécie de rádio com suas freqüências e amplitudes.

CAPÍTULO XIII

O Trapaceiro

Meu sono foi agitado, mas não consegui me lembrar do sonho que tive. Ao me levantar, senti que aquele era um dia especial e deduzi que a caixa estava para ser aberta.

Na mesa do café, não havia leite, manteiga ou ovos; apenas frutas, sucos, saladas e pão, e mesmo assim Alec e alguns outros pediam para que ninguém comesse demais.

Comi pão com patê, tomei um suco e comi uma maçã; depois, fui para a sala.

Todos falavam baixo e só quando havia necessidade. As pessoas pareciam tomar cuidado para não fazer o menor barulho, nem mesmo sons de passos.

Ao descer, Lisa tinha uma expressão confusa por trás do sorriso.

— O que está acontecendo?

— Cibele pede que observemos a pureza hoje — respondi sem pensar.

Ela se ajoelhou na minha frente com os olhos fechados e respirou fundo; em seguida se levantou, beijou-me a testa e saiu.

Verônica tinha-me feito dizer aquilo a ela e agora estava grata. "Não há de quê", pensei. Mas, quem era Cibele?

Alec ia de grupo em grupo, e em várias línguas pedia que cada um meditasse ou rezasse. Para mim, ele disse:

— Sei que você é cristão; busque Jesus hoje. Se tiver fome, coma do que está na mesa, mas procure não atrapalhar ninguém. Antes de o sol se pôr, vá para a clareira.

Um casal oriental e um homem ocidental, de pele bastante clara, arrastaram um sofá e sentaram-se no chão atrás dele em posição de lótus, virados para a parede. Logo eram os únicos na sala além de mim e, para não atrapalhá-los, saí da casa.

De longe, eu via pessoas rezando juntas ou sozinhas, paradas ou andando lentamente. Resolvi caminhar pela estradinha que ia dar no portão da fazenda, e quando vi o deserto pude imaginar o Cristo andando por ali. Não tinha sido uma sensação muito agradável ter estado perdido, vagando entre aquelas pedras, cheio de hematomas pelo corpo. Isso ainda era uma lembrança muito presente. Senti que deveria enfrentar essa sensação de mal-estar ou isso acabaria se tornando uma fobia; então comecei a andar beirando a cerca pelo lado de fora até encontrar uma pedra alta o suficiente para que eu pudesse me sentar à sua sombra.

Ali deixei passar o tempo enquanto pensava, rabiscando

na terra, e logo me lembrei de quem era Cibele. Ela faz parte da mitologia grega, da história de Dioniso ou Pã; era uma encarnação da titanesa Réia, a mãe de todos os deuses. Dioniso, o deus de Nisa ou o duplamente nascido, errava enlouquecido pelos reinos daquela região seguido pelas bacantes, até que, num país chamado Frígia, foi instruído nos "mistérios" por Cibele, que então era rainha.

O que hoje é mito, na época dos gregos e romanos era a religião oficial, e não foi fácil nem rápida a transição para o cristianismo. No começo, os cristãos eram repasto dos leões nas arenas, e mais tarde a coisa se inverteu: os que rezavam para esses deuses foram chamados de bruxos e queimados em fogueiras.

É claro que não é tão simples assim; mas nesse grupo, que talvez seja possível chamar de neotemplário, várias tradições conviviam. A opção de Lisa talvez tenha sido essa — a dos deuses mitológicos gregos. Nesse caso, ela é uma bruxa como Samantha, personagem de *A Feiticeira*, uma antiga série de tevê, só que, na minha opinião, ainda mais bonita.

Não percebi o tempo passar, e fui surpreendido pela sombra da pedra, que de repente mal chegava a me cobrir. Satisfeito por ter feito as pazes com o deserto, mas ainda com medo do sol, levantei-me e tomei o caminho de volta. Talvez pudesse continuar com minhas elucubrações no quarto ou em qualquer outro lugar da casa.

No caminho, beirando a cerca de arame, continuei pensando em tudo o que tinha vivido nos últimos dias. Sentia-me tão mudado que mal me reconhecia, tanto mental como fisicamente, e a mudança sem dúvida era para melhor. Para começar, eu estava bem mais magro e corado; a flacidez numa ou noutra parte do corpo aos poucos estava desaparecendo, assim como estava desaparecendo uma velha conhecida minha, a ansiedade, a constante preocupação, às vezes com detalhes tão pequenos que beiravam o ridículo.

Talvez eu tenha sido assim por me considerar um estranho entre aqueles com quem convivia, uma "figurinha carimbada". Ali, entre tantos "malucos esotéricos" eu me sentia em casa, falando com eles através de gestos, palavras pinçadas de outras línguas e telepatia. Mas isso deveria parecer a coisa mais estranha: foram quase vinte anos mentindo sobre o futuro das pessoas e, agora... Agora me parecia que nunca tinha mentido para ninguém, que toda aquela história sobre coincidência, estatística e probabilidade de que eu tentava me convencer é que era mentira.

Distraído, acho que passei pelo portão sem tê-lo notado e continuei andando. Andei de volta um enorme trecho e nada de encontrá-lo. Parei e olhei em volta, à procura de alguma coisa que eu já tivesse visto, um ponto de referência; mas, fora da área plantada, tudo parecia absolutamente igual em qualquer direção. Continuei andando, cada vez mais depressa, disposto a dar a volta em toda a fazenda se fosse preciso, até encontrar a entrada.

Passados cerca de vinte minutos, encharcado de suor, vi uma grande árvore e, deitado entre suas raízes, estava um homem vestindo um balandrau.

Só a sombra já me trouxe um grande alívio. O sujeito ali deitado não percebeu a minha chegada; parecia dormir profundamente.

Dormir quando todos meditavam e rezavam não me pareceu honesto; então — já que para mim era uma emergência — com uma sacudidela o acordei.

O sujeito me olhou com desprezo, e quando tentei explicar que estava perdido, ele franziu as sobrancelhas como se não me entendesse.

— O portão! Onde é o portão?! — eu disse, imitando com as mãos o movimento de abrir e fechar.

— Ah! O portão da fazenda? — disse ele, espreguiçando-se. — É logo ali — informou em meio a um bocejo.

A resposta veio em português do Brasil, mas havia algo, um sotaque que não consegui identificar quando ele disse a palavra "portão".

Se dormir à sombra de uma árvore enquanto todos rezavam não me pareceu certo, falar minha língua tão bem tornou o fato perfeitamente perdoável a meu ver.

— Você é um dos ajudantes de Alec?

— Ajudante? — A pergunta pareceu diverti-lo. — Não exatamente; posso até ajudá-lo, às vezes, mas não por obrigação.

Eu repassava suas palavras, tentando adivinhar de onde ele era, quando ele, virando-se para o lado, puxou para si uma maleta térmica e tirou um sanduíche de carne desfiada com molho de tomate.

— Você tem um bom lanche aí, não?

— E tenho isto aqui, também: olhe. — Do lado de fora da maleta havia uma bolsa com um cantil; ele o abriu e me ofereceu, enquanto mastigava. — Tome um gole. Se estiver com fome, pegue um sanduíche.

Cheirei o conteúdo do cantil: era cerveja, e pude sentir que estava gelada.

— Você não deveria estar rezando como os outros? — Eu estava pronto para tomar vários goles. Em seguida, me sentaria no chão e comeria um ou dois dos vários sanduíches da maleta, iguais aos que minha mãe fazia quando eu era pequeno. Mas não seria justo.

— Cada um reza a seu modo; este é o meu.

Então, olhou-me atentamente, tombando a cabeça de lado.

— Ah! É você quem vai abrir a caixa! É o brasileiro, amigo do Juan. Puxa, eu queria estar no seu lugar.

— É? Por quê?

— Ninguém lhe falou nada? Ali está o poder de Deus; quando você retirar aquela tampa, esse poder fluirá para você. Sabe lá o que é isso? Você poderá fazer qualquer coisa, transformar em ouro tudo o que tocar, por exemplo!

— É mesmo? Não cheguei a pensar no que pode acontecer.

— Bom, assim como a história do rei Midas acaba mal, há o risco de você morrer como o sujeito da passagem do Velho Testamento. Mas, claro, você se preparou para isso como todos nós, e morrerá sendo o que é, se for o caso, não é assim? Segundo a Verônica, isso não vai acontecer e, nesse caso, me diga, o que você fará tendo o poder de Deus?

De repente, me senti como alguém pronto para cair num conto-do-vigário. "Por que ninguém me disse que havia risco?", pensei, mas lembrei-me do meu êxtase aos pés de

Verônica e de todas aquelas luzes. Então, relaxei. "Ela me protegerá."

Também era novidade para mim essa história sobre o poder de Deus fluir para mim. "Por que para mim? O que é que eu tenho de mais? Por que não o Alec, por exemplo? Talvez esse cara esteja enganado ou exagerando."

— Não sei, depois eu penso — foi a minha resposta.

Ainda segurava o cantil com a cerveja. Estava morto de sede, mas o que eu mais queria mesmo era água; então, devolvi o cantil e me despedi, apesar dos pedidos para que eu ficasse.

O portão estava mesmo logo depois de uma pequena elevação de terra. Dei uma olhadela para trás para agradecer, mas o homem, o cantil, a maleta térmica, tudo havia desaparecido, inclusive a árvore. Senti um arrepio e segui pela estradinha, confuso, imaginando que talvez tivesse tido uma alucinação.

"O sol: só pode ter sido o sol."

Quando voltei à casa, Juan e alguns outros tinham preparado um banho com ervas, que todos deveriam tomar antes do anoitecer.

Contei o que tinha acontecido e descrevi o homem, mas ninguém soube dizer quem era. Antes que eu aceitasse aquilo como alucinação, e já lavado com as ervas, Juan esclareceu:

— Ao que parece, você falou com um espírito, e não é difícil imaginar qual. Nós o chamamos de Trapaceiro, o fazedor de truques. Ele gosta dessas coisas; comida e bebida à sombra de uma árvore, e gosta também de tentar as pessoas. Mas essa é a primeira vez que ouço uma descrição dele. Normalmente, ele usa outras pessoas, coisas ou animais para falar por ele.

— O diabo?! O diabo falou comigo?

Esforcei-me um pouco para demonstrar uma surpresa que não era tão grande.

— Não esse diabo que você está pensando. Ele não é tão mau assim; na verdade, outra característica dele é ser um questionador, alguém que arranca de você os seus medos mais profundos e os joga na sua cara. Ganhe dele uma discussão e você terá mais convicção para agir. Isso funciona muito bem quando seus objetivos são bens materiais; esse é o mundo dele.

Eu gostaria de ouvir mais, porém o banheiro estava cheio de homens nus que, silenciosos e em fila, lavavam-se com a água cheirosa e eu estava atrapalhando. Então fui para o quarto até o sol se pôr, e ali imaginei que a frase "amai vossos inimigos" tem alguma coisa a ver com esse tal trapaceiro, como Juan o chamou.

CAPÍTULO XIV

A Caixa

Vincent só colocou a cabeça para dentro do quarto.

— Já é hora, vamos? — e jogou para mim um balandrau. Quando desci, já vestido, Lisa me esperava com os outros. O clima era de festa, mas poucos sabiam o que estava para acontecer.

Cruzamos a plantação cantando e correndo como crianças. Eu pensava no risco que correria, imaginava que a visão que tive no Jordão sobre a minha morte não estava relacionada com o que tinha acontecido quando estive com Alec e, sim, com o que estava para acontecer: a morte real. Mas as brincadeiras e a alegria dos outros me ajudaram a esquecer isso.

Todos estavam na clareira. Juan, Alec e mais alguns preparavam tochas de dois metros de altura e as fincavam perto das plantas ao redor.

Quando o sol começou a se pôr, os músicos que até então se divertiam tocando canções populares pararam a pedido de Alec. A seu convite rezamos, cada qual na sua língua, uma Ave-Maria.

Nunca pensei que uma simples oração pudesse causar tanto prazer. Lisa, ao meu lado, chorou, mas foram lágrimas doces, leves, que só fizeram aumentar o brilho de seus olhos.

Fincaram mais quatro tochas no centro, uma para cada ponto cardeal.

Os músicos retomaram seus instrumentos, dessa vez num ritmo mais lento. Flautas, dois tipos de harpas, e uma espécie de bongô — réplicas de instrumentos antigos, segundo um dos músicos.

Verônica também estava lá; sorria e conversava com todos, indo de grupo em grupo. Parecia muito bem, mas era uma outra pessoa, não a deusa, nem a garota tagarela do hotel. "Que mulher estranha!"

Ela foi para o centro da clareira e pediu silêncio com os braços levantados; em seguida, ordenou que fizéssemos um círculo e que, de mãos dadas, nos concentrássemos.

Comecei a sentir um ligeiro torpor, uma coisa que me dava vontade de rir, tão agradável era a sensação. Foi quando chegou a Arca, carregada por quatro homens, como deve ter sido carregada há muito tempo. Eles a deixaram diante de Verônica e voltaram para o círculo.

Não sei se ela cantava ou falava, nem se havia realmente algum som para ser ouvido. De olhos fechados, eu sentia cada um no círculo, e "via" Verônica brilhar. Aos poucos, um calor subiu-me pelo corpo, dos pés à cabeça, um calor tão forte que me fez suar.

Abri os olhos: lá estava Verônica e os dois anjos de ouro sobre a arca, dentro de uma grande bola de luz. Bolas menores envolviam cada um no círculo e era só o que eu via, nem chão, nem céu; nada que não fosse corpos envolvidos em luz, uma luz branca leitosa.

Não me lembro se fui chamado, mas caminhei para a arca e me coloquei numa de suas extremidades. Sorri quando vi Lisa à minha frente, tendo a caixa entre nós.

Os anjos não estavam mais ali. Verônica à minha direita tocou a tampa e disse algumas palavras. Então eu e Lisa a levantamos e a colocamos à minha esquerda. Senti um cheiro forte, acre, e olhei o que continha. Não eram as Tábuas da Lei, mas vários rolos de papiro, que pareciam em bom estado.

Todas as luzes desapareceram. Foi como ficar sóbrio de repente. Num momento, éramos luzes e noutro apenas três pessoas olhando para dentro de uma caixa entre tochas.

Alec se aproximou e, cuidadosamente, pegou um dos rolos. Não era Deus dentro da caixa, mas ele sabia da importância dos documentos e não escondia sua alegria.

Lisa me olhava com ar confuso, e quando olhei para Verônica, seus olhos estavam fixos em mim; apesar do sorriso, senti uma coisa estranha, incômoda, que me fez desviar o olhar.

Voltei-me para a caixa e pensei em pegar um dos rolos. Quando estendi a mão foi como se alguma coisa me agarrasse e me puxasse para dentro de um abismo.

Numa velocidade incrível, imagens, rostos, paisagens,

vidas inteiras passavam por mim. Minhas vidas, vidas que vivi como feiticeiro índio na América pré-colombiana, como mulher cigana, como camponês europeu medieval, centurião romano, uma criança negra doente, talvez um príncipe africano, um troglodita assassino.

Houve um momento de escuridão e, em seguida, vi um gafanhoto subindo pelo tronco de uma árvore. Um braço peludo e sujo estendeu-se de mim, agarrou-o e o levou à minha boca. Senti o bicho na minha língua, tentando escapar. Então meus dentes o esmagaram, fazendo surgir um líquido viscoso e nojento.

Aquele também tinha sido o meu corpo, e eu estava de volta, não para agir, mas para observar; por isso, eu não tinha controle sobre meus movimentos; eu estava apenas preso a ele.

Um ruído de mato agitado e um outro animal surgiu: um macaco grande com movimentos pouco mais elegantes que os de um chimpanzé. Pelo cheiro, soube que era uma fêmea e imediatamente fiquei excitado. Olhei para um monte de pedras e por algum motivo me senti aliviado por vê-lo vazio. Parti para cima dela e iniciei a cópula. Era um animal grande, mas o meu corpo o superava em muito, tanto em altura como em força. Em segundos, teria um orgasmo. De repente, um violento golpe me atingiu as costas e jogou meu corpo para longe. Era um outro macho, maior e mais forte do que eu, olhando-me furioso, perfeitamente ereto. Corri para longe, enquanto ele terminava o que eu tinha começado. E quando a distância me pareceu segura, voltei a perseguir insetos, cheio de raiva e medo.

Quando o sol começou a se pôr, reuni-me aos outros em busca de calor, e, num emaranhado de corpos peludos e fedorentos, adormeci.

Surpreendi-me ao acordar ainda preso àquele animal; então, durante seu dia tedioso, percebi que poderia diminuir a intensidade da minha presença e, desse modo, fazer o tempo passar mais depressa. Foi assim que vi os insetos tornarem-se escassos; não que fosse o único alimento, mas, sob o comando do macaco maior, isso fez com que partíssemos numa longa jornada.

Caminhávamos numa formação rígida. Os machos mais fortes protegendo as fêmeas com crias no interior de um losango. Todos tinham suas posições, menos o líder que circulava o tempo todo.

Dias depois, fomos ameaçados por duas leoas. Os machos jovens fizeram uma linha entre elas e as nossas fêmeas, mas foi o líder quem avançou para elas. Uma fugiu enquanto a outra conseguiu dar a volta e agarrar uma fêmea velha. Eu e outro macho tentamos expulsar a leoa jogando pedras e brandindo galhos, mas não chegamos a tempo e, devo confessar: o que nos atrasou foi o medo.

Passamos por uma região cheia de frutas, mas o líder não nos deixou colher. Isso aumentou a nossa raiva já que todos estávamos com fome. Paramos, lá pelo terceiro ou quarto dia de caminhada, num lugar onde havia outra pilha de pedras. Imediatamente o líder se colocou lá no alto e, assim, todos soubemos que ficaríamos ali por alguns meses. Ao menos havia comida em abundância.

Tempos depois, dois jovens disputavam uma fêmea.

Eles gritavam e se golpeavam. Quando um caía, o outro corria atrás dela para copular. Eu olhava para todos os lados com o coração pulsando forte; eu sabia que, se o líder chegasse, ficaria furioso. Foi quando a fêmea correu na minha direção e pude agarrá-la e penetrá-la. Vi o líder chegar e se atirar sobre um dos brigões. Senti como se fosse em mim o golpe e fiquei com muita raiva. Quando me viu, deixei que se aproximasse; então larguei a fêmea e parti pra cima dele. Fui atingido e outro jovem me substituiu. Então peguei uma pedra e, afastando o outro, acertei a cabeça do líder com toda a força, sem largar a pedra.

Ele cambaleou e o terceiro jovem o atacou também com uma pedra. Batemos muito nele, até que, caído, ele não se levantou; então nos olhamos espantados.

Meu corpo não compreendia como alguém poderia morrer sem ser atacado por um predador; então ele olhou para a pilha de pedras e decidiu que o líder estava dormindo.

Todos nós voltamos a procurar alimento e, quando anoiteceu, dormimos perto do macaco morto, apavorados com os rugidos que vinham de algum lugar além da pilha de pedras.

Quando amanheceu, surgiram os abutres e todos nos esforçamos para afastá-los do líder.

"Eu o fiz dormir; agora, tenho que vigiar o grupo", era o que meu corpo pensava; mas não se atrevia a subir nas pedras. Certamente era o que pensavam também os outros machos jovens.

Quando não foi mais possível afastar os abutres, veio a idéia: "Para subir até o alto das pedras é preciso ter dentro de si o líder."

Então, obcecado, me aproximei do macaco morto, afastando aos berros os abutres, e dei a primeira mordida. Logo, todos estavam comigo partilhando a carne e o sangue do temido, amado e odiado pai de todos ali.

Larguei o rolo como se tivesse levado um choque. Eu ainda sentia o gosto da carne crua, do sangue coagulado, o cheiro e os pêlos nos meus dentes.

Comecei a enjoar e vi a expressão preocupada de Alec. Havia um tumulto em volta. Pessoas gritavam, corriam e desmaiavam. Alguns riam histericamente, outros choravam. Parecia que todos tinham enlouquecido.

Alec começou a pedir calma, gritando e acenando com os braços. Verônica apenas nos deu as costas e foi embora.

Quando conseguiu atenção, ele pediu que fizéssemos uma última oração antes de voltarmos para a casa; eu o ajudei a recolocar a tampa na arca. Foi então que vi Lisa desmaiada no chão.

Rezaram entre gemidos, de modo confuso, enquanto eu tratava de reanimar Lisa. Assim que ela voltou a si, carreguei-a para casa.

CAPÍTULO XV

Luz

Apenas percebi o vulto sentado na sala às escuras e passei direto para o quarto de Lisa. Ela estava bem. Tentou contar sobre suas visões, mas o cansaço a venceu. Estava exausta e confusa demais para falar. Dormiu quase imediatamente. Então, desci para perguntar o que tinha acontecido.

Verônica tinha um ar grave e também mostrava sinais de desgaste quando acendi a luz.

— O que houve de errado? Que loucura!

— Às vezes, isso acontece. Depende do grupo e da cerimônia — ela disse. — Todos estão bem, mesmo os que desmaiaram. Afinal de contas, como vamos saber se estamos firmes se nunca balançamos?

Por um momento, ela sorriu, e isso me fez lembrar da primeira impressão que tive dela: a de uma moça comum, não a deusa que esse pessoal cultuava; não aquele feto que quase me matou, mas uma moça comum de vinte anos.

Mesmo assim, eu acabava de voltar de uma viagem no tempo e, se minimamente ela merecia o título de deusa, então, melhor do que ninguém ela poderia me explicar o significado de tudo o que eu tinha visto.

Mas antes que eu pudesse organizar as palavras, ela se levantou e, ao caminhar para a porta, me convidou para sair com ela. Da varanda, pude ver as tochas se movendo no meio da plantação e percebi que logo a casa estaria cheia de gente querendo comentar e fazer perguntas. Não a deixariam em paz se a encontrassem, e eu não poderia falar. Então, a segui.

No escuro, contornamos a casa, passamos por um lugar com brinquedos, cruzamos uma área gramada e então nos sentamos num banco de madeira.

Essa era a primeira vez que estava sozinho com ela. Por isso, preferi comentar sobre a admiração que os outros sentiam por ela, antes de falar dos macacos.

— E você, o que pensa de mim?

A pergunta me pegou de surpresa. Como responder? Definitivamente, apesar de tantas luzes e do meu êxtase, dificilmente eu a chamaria de deusa. Eu estava diante de alguém muito poderoso, que era assim desde antes de nascer, e eu quase lhe tinha tirado essa chance. No hotel, era outra pessoa, uma garota que, de tão falante, chegou a me irritar.

— Você é a pessoa mais poderosa que já conheci.

Tive muito cuidado ao dizer isso. Eu não queria, por

enquanto, que ela soubesse que tinha passado parte da minha vida pensando nela, remoendo o que tinha acontecido.

— Mas você não acredita nessa história de deusa, não é? Eu acho isso ótimo. Assim podemos conversar como pessoas normais.

Estava escuro, mas mesmo a distância uma luz na varanda da casa nos alcançava, fazendo com que eu pudesse ver o seu sorriso.

— Então, vamos lá? — continuou. — Fale-me das suas dúvidas e eu vou tentar esclarecê-las.

— Bom, eu não sei por onde começar. Têm acontecido tantas coisas e todas parecem ligadas entre si.

Comecei a senti-la dentro de mim. Via seu rosto sorridente e amigo que dizia: "Mostre-me tudo." E como se eu fosse um livro, virou rapidamente as páginas até o primeiro capítulo, o metrô.

De repente, a convicção de que estava em contato com aquele mesmo feto disposto a matar para conseguir informações tornou-se terrivelmente presente. Eu não queria reviver aquilo; estava quase tudo esquecido e agora ela remexia minha memória e trazia à tona exatamente isso.

— Não tenha medo, Teo. — Senti sua mão em minhas costas e, de um salto, pus-me de pé.

Era muito difícil para mim aceitar que ela e aquele pequeno monstro assassino eram a mesma pessoa. Como não ter medo?

Ela se manteve sorridente, os olhos fixos em mim ao continuar.

— Nós já falamos sobre o que aconteceu. — Novamente meteu-se dentro de mim para mostrar o sonho que eu tinha tido no hotel, em que ela surgia ao anoitecer para me perdoar por ter tentado matá-la.

— Por que você pensa nisso como um sonho? Você é um telepata; deveria saber que aquilo foi real, que eu realmente fui ao seu quarto no hotel. Ah! Você quer que eu diga aqui na sua frente? Eu digo: Não há por que se culpar. Você só se defendeu. Se alguém tem culpa de alguma coisa, esse alguém sou eu. Satisfeito?

Ela entrava e saía da minha mente e, do emaranhado dos meus pensamentos, retirava as perguntas e desejos antes mesmo que eu os traduzisse em palavras. Ela ia dizer mais alguma coisa quando segurei seus ombros.

— Pare de fazer isso, Verônica, se eu não puder falar e ouvir, no final não vou ter certeza de nada, entende? Não sou como você.

Ela ficou surpresa por um instante, analisando o que eu tinha dito. Então: — Entendo, desculpe — e abaixou os olhos em seguida. — Mas tente ser mais direto. Fale abertamente, tá?

Sem demonstrar, comemorei o fato de tê-la surpreendido. Isso me fez sentir mais seguro. Ela podia ser poderosa, mas tinha os hormônios, a pressa de qualquer garota de sua idade. Tornei a me sentar no banco, mas dei um jeito de ficar de frente para ela enquanto colocava as idéias em ordem.

— Você me trouxe aqui? — Ela assentiu com um movimento de cabeça. — Como me encontrou?

— Eu nunca perdi você de vista.

“Que diferença faz isso?”, pensei.

— Sobre o seqüestro. Teve dedo seu naquilo?

— Você passaria por coisa parecida ou pior. Não passou antes porque sempre soube onde estava o perigo e se desvencilhava. — Ela fez uma pausa. Sabia que eu estava ficando irritado. — Se acontecesse ao acaso seria inútil. Você estava muito preso a coisas e a horários. Usei isso para você perceber melhor o que viria, assimilar mais, ser mais presente e desprendido. Foi isso.

Tive que controlar minha voz.

— Como você fez?

— Havia um político no hotel, eu fiz os seqüestradores pensarem que era você. Mas eu estava lá.

— Você tem idéia do que eu passei? — eu disse, interrompendo.

— Eu estava lá com você.

— Mas eles iam me matar! — Não pude segurar meu tom de voz. Ela também falava alto e rápido, tentando se justificar.

— A porta, lembra? Não deixei que trancassem a sua cela.

— E o medo? A surra que levei por ter tido sede! A sede e a fome naquela droga de deserto!

Ela se calou. Dei um soco na minha perna e me levantei para andar de um lado para o outro. Acabei sendo irônico.

— Fui parar numa porcaria de hospital só para ficar... desprendido?!

Ela escondeu o rosto entre as mãos e pediu:

— Teo, entenda, por favor. Quem era você antes disso e quem é você agora? Não percebe a diferença?

Antes de pensar que talvez isso fosse verdade, reconheci que ela cumpria com a palavra: não estava mais remexendo a minha mente. Ela poderia me acalmar, tinha poder para isso, mas agora apenas suportava a minha raiva. Achei nobre da parte dela. Realmente, até aquele seqüestro, tudo o que eu pensava era nas malas, no trabalho, no horário e na comida que, eu sabia, servia para substituir a solidão, a sensação de fracasso. Eu estava mudado. Ela estava certa, mas a que preço?

Sentei-me novamente ao lado dela e não pude conter um suspiro.

— Foi duro!

Lentamente, ela começou a me acariciar as costas.

— Não fique com raiva de mim. — Ela parecia uma criança, tão doce e frágil. Como eu poderia sentir raiva? De repente, lembrei-me de um detalhe.

— E o copo, antes disso tudo, no bar do hotel? — Para mim, isso poderia ser o marco, a volta do meu poder, ou teria sido noutro momento? — E o batismo no Jordão? A mulher ruiva e o ex-namorado que virou padre? Ouvi uma voz, lá no rio, que me falou de outro batismo. Vi uma porção de coisas, inclusive a minha morte. Foi a morte que senti com o Alec?

Tudo estava interligado, disso eu sabia; só não percebia que matraqueava enquanto buscava o fio que ligava tudo isso.

— Calma, Teo, uma coisa de cada vez. Primeiramente sobre o copo — sorriu. — Você estava tão cético, tão negativo...

Eu a interrompi. — Foi você. Ah! eu sabia!

— Não! Foi uma... — soltou uma risadinha — foi uma coincidência.

— Coincidência?

"Como ela pode dizer isso?", pensei. "O que ela deveria defender é que coincidência é coisa que não existe." Mas ela, sorrindo, continuou.

— Ser batizado no rio Jordão é o desejo de qualquer cristão. Parar lá foi idéia do Juan. Ele sabia que isso faria você readmitir seu poder inaugurando uma nova fase na sua vida. Ver a vida de alguém ali mesmo foi um teste que você fez com você mesmo. Só isso.

Enquanto ela falava, fui buscar na mente dela a resposta sobre o copo. De onde ela estava naquele dia, via o *barman* enxugar o balcão. Ela não interferiu; apenas apostou que ele derrubaria o copo. Então escolheu o momento de chamar a minha atenção.

Aconchegante: essa é a melhor palavra para descrever o ambiente da mente dela que continuava comentando minhas visões. Eu era bem-vindo ali e estava livre para olhar o que quisesse; aliás, ela mesma me levava pela mão, me encorajando.

O corpo dela falava, explicava em ordem e com calma tudo o que tinha acontecido, e o meu ouvia parecendo atento, mas nossas mentes estavam juntas em algum lugar fantástico, um lugar que, como porta, tinha a alma dela. Nos dois lugares, ela disse que a morte que Alec propiciou foi pressentida por mim no rio, mas eu ainda não tinha como diferenciá-la da morte real. Por isso, fiquei tão impressionado.

Sobre o outro batismo, o de fogo, ela explicou que é o

momento em que se adquire a sabedoria mais plena das verdades eternas. Isso eu ainda estava por experimentar.

— Não vou dizer mais nada sobre isso. É preciso que você viva essas coisas para poder entender no coração.

Ela se calou. Então pude olhar com mais atenção o que nos cercava no mundo dentro dela. O céu tinha tons de rosa entre as enormes nuvens em branco do mais puro e dourado brilhante. Toda a vegetação à nossa volta parecia comemorar uma chuva de verão recente. Não era o que eu sentia no vento seco e cheiroso.

Todo aquele mundo tinha um nome para ela: era o corpo do Dragão, onde habitavam as fadas, os duendes e todo tipo de animal mitológico. Aqui não existe tempo nem noção de bem e mal. É dali que ela tira sabedoria e inspiração. Poderia ser chamado de Olimpo, Hasgard ou Paraíso, e é como é desde que o homem foi criado. Talvez por isso eu me sentisse tão à vontade. Eu não estava conhecendo o lugar, mas reconhecendo, após uma longa ausência.

Via unicórnios, cobras aladas e faunos, quando dei pela falta de alguém ou de alguma coisa. Foi uma sensação estranha, como quando se sai de casa e se sente que alguma coisa ficou para trás.

Não foi preciso fazer a pergunta, mesmo porque nossos corpos já falavam sobre ele: aquele estranho sujeito que comia e bebia quando todos rezavam.

— Ele não pertence a este lugar. Não podemos falar dele aqui.

De repente, eu estava de volta ao meu corpo e continuava falando como se fosse normal ir e vir do Paraíso.

— Mas quem é ele, Verônica, o diabo?

— Deus não criaria o mal puro, nem o antigo Satanás judeu era completamente mau. Chamá-lo de diabo é simplificar demais. É como pôr um rótulo de veneno num frasco de algum remédio forte. Se existe, em algum momento ele terá que ser usado; então deixará de ser uma coisa abominável para se tornar um meio de cura, não acha?

— O diabo, aquele com chifres e rabo, um remédio?

— O Alec não contou sobre o tempo que ele esteve com um xamã esquimó?

— Pouca coisa.

— Há uma lenda em que o equivalente ao "seu" diabo era chamado de Trapaceiro — nome que preferimos aqui para evitar as imagens monstruosas criadas pelos artistas católicos. A lenda mostra o Trapaceiro como uma criança manhosa, a primeira criatura a ser solta no mundo recém-criado. Suas trapaças eram feitas com os outros animais. Mas, quando vieram os homens, ele se retirou para o fundo da terra, porque o criador tinha dado a eles uma parte sua: a alma.

Sempre pensei que o diabo fosse um símbolo, uma fantasia para amedrontar os mais simples, uma elucubração de filósofos religiosos que não poderia ser explicada numa igreja.

— E por que ele viria a mim? O que ele quer?

— O que ele quer? Roubar, mentir e matar. Não é o que ele faz? — Ela fez uma pausa, divertindo-se com o meu espanto. — Na verdade não é nada disso: ele é o dono de tudo o que se vê e se toca, do nosso corpo, inclusive; mas nós somos mais do que isso, temos alma, parte do que Deus é, entendeu?

— Acho que sim — respondi, depois de um instante.

— Deus está em cada um de nós, Ele é o que chamamos de alma, e é isso que o diabo, ou Trapaceiro, quer de mim.

— Não exatamente. Ele não pode destruir almas, apenas prendê-las, mas não é isso o que ele quer. — Foi a vez de ela pensar, buscar palavras. Então:

— A natureza com seus desertos, mares, chuvas, plantas e tudo o mais é perfeitamente equilibrada. Ela é como é, como sempre foi — assim é o reino do Trapaceiro, imóvel. E nós, com nossas almas, inventamos o progresso, não o progresso material — não falo de comodidades ou riquezas, falo dos passos que damos quando nos descobrimos capazes de nos unir em oração, de não discriminar, de controlar medos e ódios, por saber que somos todos iguais. O saber é a única riqueza, e passa, naturalmente, do que tem mais para o que tem menos, como um líquido. Ensinar é um ato de amor, e aprender, um ato de humildade. Isso vale para qualquer conhecimento; mas quando se trata de assuntos que trazem luz ao espírito, que podem desequilibrar a natureza e nos fazer progredir, é claro que ele tentará impedir.

Pensei nos macacos e logo me detive. Eu ainda sentia o gosto do sangue e meu estômago ficou embrulhado.

— Não vi nada que possa trazer luz a coisa alguma naquela caixa. Ali só há macacos, os macacos que nós fomos no começo, é certo; mas, se tiver algum interesse, será para o trabalho de Alec.

— Bom — ela disse ao se levantar —, algumas idéias são como nuvens: precisam cobrir o sol para serem notadas, ou melhor, o que você tem é uma nuvem capaz de fecundar o solo. Só o que lhe peço é que não a recuse simplesmente.

CAPÍTULO XVI

O Sol

Fiquei ali sozinho até não ouvir mais o zunzum das vozes na casa. Eu não queria ver ninguém nem falar nada. Como todos, eu também estava cansado, mas preferi esperar para adormecer de uma vez e, de preferência, sem sonhar.

Acordei com esse mesmo humor e, aproveitando que Juan estava ouvindo as experiências de um grupo, devorei o café da manhã e saí para uma caminhada.

Visitei o curral de cabras, a casa dos empregados, o galpão onde estava a caixa, a Arca da Aliança com seu absurdo segredo, passei longe do sítio arqueológico e me meti por entre a plantação.

Ali ouvi ruídos, mas as plantas me impediam de ver além de uns poucos metros.

— Tem alguém aí? — gritei, sem nenhuma resposta.

Repeti a pergunta em inglês e espanhol, e nada; apenas os ruídos cada vez mais perto.

"Por que estou me enganando?", pensei. "Sei exatamente quem é."

Fui ficando cada vez mais assustado, principalmente porque, numa manhã clara de céu limpo, por volta das dez e meia, o dia não poderia escurecer como estava acontecendo. Pensei que poderia estar ocorrendo um eclipse; mas lá estava o sol, intacto.

Eu olhava para todos os lados sentindo o coração na garganta; então vi um vulto e comecei a correr. A princípio, eu não sabia para onde, mas logo imaginei que a clareira seria o único lugar seguro.

Desesperado, saltei ninhos de cobras, buracos enormes com esqueletos e poças de sangue, enquanto a escuridão me envolvia.

Eu não tinha certeza sobre se estava indo na direção certa; mas, de repente, o que era noite profunda fez-se dia claro novamente. Então, com os olhos feridos pela luz, deixei-me cair rolando na terra batida da clareira.

— Muito bem, Sr. Telepata: conseguiu chegar aqui "quase" ileso! — disse o Trapaceiro batendo palmas. Era aquele mesmo sujeito ainda vestindo o balandrau.

Arrastando-me de quatro cheguei até o ponto mais central onde ainda havia cinzas, e fiquei imóvel enquanto ele se aproximava. Eu sabia que estava seguro ali, mesmo na companhia daquele sujeito que era o diabo.

Calmamente e sorrindo, ele sentou-se à minha frente e disse:

— O que é que há? Você nunca quis ver um anjo?

— Você não é um anjo, seu... seu..

— Coisa-ruim?!

Foi o que eu tinha pensado, um nome que ouvi quando era criança. Ele deu uma gargalhada tão gostosa que me contagiou, fazendo o medo desaparecer quase por completo.

— Não pense que me importo com os nomes que possam me dar: Coisa-ruim, Inimigo, Chifrudo. Pessoalmente, prefiro os nomes próprios: Satã, Satanás, Belzebu. Uma vez, você disse a alguém que achava bonito o nome Lúcifer. Eu concordo com você.

— O que você quer?

— O que eu quero? A pergunta é: O que você quer?! Tudo o que você vê e toca, e mesmo seus olhos e mãos, me pertencem. Eu sou o senhor do mundo. Sou eu o único aqui que pode dar ou tirar alguma coisa; mas, no nosso último encontro, você já deixou claro que não sabe o que quer. Isso é um absurdo. Uma coisa é não querer nada — nesse caso, posso tirar o que é meu — e outra é não saber. Você já parou para pensar que sempre foi assim? É por isso que você é um fracasso. Proponho-me a ajudar você a descobrir. Dou o que você quiser e, se descobrirmos que você não quer nada, tiro a sua vida, compreendeu? Então, vamos começar pela caixa. Diga-me, o que há lá dentro?

Apesar do conteúdo das palavras, os gestos largos e as expressões exageradas lhe conferiam um aspecto agradável, quase divertido.

Juan tinha dito: "Se você o vencer numa discussão, terá um grande impulso." Eu precisava vencê-lo, mas como fazer isso? Mentir não seria possível, já que ele lia a minha mente. Mas, afinal, para que eu quero um impulso? Minha sensação de fracasso nada tinha a ver com dinheiro. Eu não vivia no luxo e nem queria mais do que já tinha.

— Não sou do tipo ambicioso — confessei. — Não vejo o que você possa me dar e, sobre o que você falou, o toque de Midas e o poder de Deus, não sinto poder algum, nada mudou.

Ele suspirou e fez uma careta de aborrecimento.

— Teo, este é o século vinte. O que mais vale hoje são as informações. Caso você ainda não tenha percebido, você tem a resposta para uma pergunta que todos, sem exceção, um dia já fizeram e continuam fazendo. Eu sei exatamente o que aconteceu. Eu quero apenas que você me diga.

Não sei se foi "trapaça", mas senti outra presença ali, Verônica, e isso me inspirou.

— Havia um macaco, um *homo erectus* ou coisa parecida, líder de um grupo. Era o mais forte. Por isso, todas as fêmeas eram suas. Eu era um macho jovem, e me uni aos outros numa luta em que ele acabou morrendo.

— Não é só isso, continue. O que vocês queriam?

— Tínhamos raiva dele. Ele nos proibia o acesso às fêmeas, mas não sabíamos direito o que era a morte. Então, o medo continuou.

Meu estômago começou a dar voltas.

— O que vocês fizeram para acabar com o medo?

— Nós tínhamos que ser como ele, e ser como ele era tê-lo dentro de nós.

— O que vocês fizeram? Diga!

— Nós o comemos. Merda! Eu fui o primeiro a meter-lhe os dentes! Tinha uma leoa lá fora, eu precisava... precisava fazer alguma coisa.

Eu tinha lágrimas nos olhos e estava a ponto de vomitar.

Sorrindo, ele se levantou e começou a se afastar. De repente eu estava numa igreja em plena missa e ele era o padre.

— ...e partindo o pão ele disse: Tomai e comei, pois esta é a minha carne. E, molhando o pão no vinho, disse: Tomai e bebei, pois este é o meu sangue.

Quando ele levantou o cálice, como fazem os padres, vi sobre o altar a cabeça ensangüentada do macaco-líder.

Lúcifer, fantasiado de padre, jogou longe o cálice e voltou-se para mim com olhar feroz.

— É este o seu Deus? — berrou, rasgando a batina que vestia. Então, nu, subiu no altar de onde continuou gritando diante da multidão de velhinhas carolas.

— Eu sou Lúcifer, o portador da luz da verdade. E a verdade é que toda fé se baseia no remorso, no medo e no crime de exercer domínio sobre os mais fracos. Você, Teo e todos, toda a humanidade é uma raça de criminosos covardes, culpados, não só pela morte do filho de Deus como do próprio, do assim chamado Todo-Poderoso.

Pegou a cabeça aos seus pés e a ergueu, espalhando sangue pelo altar e em si mesmo.

— Venham, venham adorar a Deus! Quem sabe se assim ele não os castigue como vocês merecem!

As pessoas formaram a fila da comunhão como se tudo aquilo fosse natural, ou como se não estivessem vendo aquela criatura rir, dançar e imitar um macaco sobre o altar. Eu estava paralisado. Era como um pesadelo, um pesadelo acordado, e com todo o peso da verdade, verdade que eu mais do que testemunhar, realizei. Eu era o grande criminoso e sentia todo o remorso do mundo. Por isso, chorava convulsivamente.

Quando vi as pessoas que voltavam do altar, rostos sérios, compenetrados, com sangue escorrendo pelo queixo, não pude conter a náusea. Eu chorava e vomitava lavando o chão da igreja. Ao respirar, sentia o cheiro do sangue e do meu próprio vômito, e quanto mais sentia, mais vomitava.

— Segurem a cabeça dele! — alguém gritou. Então vi o fundo de um balde. Outra pessoa segurava um algodão com amoníaco e uma terceira me puxou para trás, onde estavam vários travesseiros.

Eu estava de volta ao quarto e tinha Verônica aos pés da cama; Lisa segurava o algodão e Alec, o balde. Todos estavam ali, cada um fazendo uma coisa ou simplesmente preocupado comigo.

Meus ouvidos zuniam e parecia que minha cabeça ia explodir.

A explicação sobre o que havia acontecido veio de Lisa, que, visivelmente nervosa, me fazia tomar soro caseiro de um copo. Ela tinha me encontrado desmaiado na clareira e me arrastado até onde pôde. Depois, chamou Vincent. Então, me trouxeram para o quarto, onde cuidaram de mim.

Quando viu que eu estava melhor, Verônica, batendo palmas, expulsou todo mundo dali dizendo que eu precisava de ar. Não deixei que Lisa fosse com eles, e quando o último saiu, perguntei a Verônica: — Você viu?

— Vi, mas agora descanse. Depois a gente conversa. — E apagou a luz.

Quando ela puxou a porta, senti medo de ver projetado na escuridão o homem nu no altar.

— É seguro aqui. Fique tranqüilo. Boa-noite.

Lisa me fez tomar tudo o que havia no copo e, sem parar de acariciar meu rosto e meu cabelo, segurou minha boca, quando tentei agradecer.

— Faça o que ela diz. Descanse.

Acordei no meio da madrugada com uma fome terrível e, fora uma pontada que senti na cabeça quando me levantei, já estava refeito.

Lisa estava quase caindo da cama, o que me deixou sensibilizado. Levantei-me com cuidado e empurrei-a mais para o meio. Então, desci para assaltar a geladeira.

Preparei um sanduíche com tudo o que encontrei, mas só consegui ir até a metade, tão grande ele era. O jeito foi pegar uma maçã e ir para a sala no escuro, achar a poltrona mais confortável e...

— Que bom que você melhorou, Teo.

Dei um pulo. Eu não tinha visto Verônica ali na minha frente.

— Desculpe; não quis assustá-lo. Como se sente?

— A maçã caiu — eu disse, respirando fundo. — Fora isso, estou bem.

— Ótimo. Não temos muito tempo, e quero que você entenda algumas coisas antes que o "nosso amigo" volte.

Ela tirou o cinzeiro da mesinha que estava entre nós e colocou-o no chão. Levantou-se e foi até a estante, de onde pegou alguma coisa. Depois, foi à cozinha e voltou com fósforos. Logo, sobre a mesinha, havia incenso e uma vela acesa.

— Você sabe o que viu na Arca e vê lógica no que o Trapaceiro disse, certo?

Ela sabia o que eu estava pensando. Lúcifer fez uma ópera de exageros, mas o meu remorso pelo macaco-líder e a missa que se vê em qualquer igreja católica têm muito em comum. Isso era indiscutível. Mas ela continuou.

— Agora eu quero que você me diga com detalhes o que sente pela moça lá em cima, a Lisa.

— Mas, o que ela tem a ver com isso tudo?

— Apenas fale. Confie em mim.

Há pouco ela estava na beira da cama para que eu tivesse mais espaço — isso é carinho, abnegação.

— Gosto dela. — Eu teria encerrado aí, mas, diante do silêncio de Verônica, continuei: — E acho que ela gosta de mim. — Calei-me. Eu não sabia mais o que dizer.

— Feche os olhos. — Eu fiz isso. — Você sabe onde ela está. Veja se existe alguma coisa entre vocês, uma espécie de fio.

Não foi difícil ver ou imaginar uma linha nos ligando, uma coisa bem delicada como a fumaça que sobe de um cigarro. Fui contando.

— Imagine que essa fumacinha é oca e que você pode andar por dentro. Vá até ela. Parta do seu corpo e caminhe até onde ela está.

Eu sabia exatamente onde e em que posição ela estava na cama; mas imaginar-me me movendo dentro de um túnel me trouxe uma outra imagem, que pensei tratar-se do sonho que ela estava tendo. Era uma cena de domingo num parque, havia um lago com patos e barcos, e nós contemplávamos a paisagem abraçados.

— O que é isso?

— É o futuro. Mas tente ouvir o que vocês estão falando.

— Estamos namorando. — Eu via Lisa falar, os olhos brilhando, e sentia seu coração bater forte no mesmo ritmo do meu. Eu compreendia sem distinguir as palavras.

— Ela e eu somos como um só. Estamos apaixonados. Tenho vontade de estar com ela, não importa onde. É sobre isso que estamos falando: sobre ficarmos juntos nesse lugar que não é o Brasil.

Fui andando pelo tubo, tentando encontrar apenas os momentos-chave, as frases, os rostos, e parecia não ter mais fim. Então fui cada vez mais rápido. Vi crianças, meus filhos, e me vi velho numa casa de madeira perto de uma serra. Vi os filhos dos meus filhos e uma bisneta. Depois veio a minha morte, e outra vida com filhos e netos. Depois outra e mais outra. As imagens, de tão rápidas, se tornaram incompreensíveis. Mesmo assim, eu ainda percebia, com uma forte dose de emoção, todas as pessoas, a princípio separadamente, mas logo notei que muitas delas eram a mesma pessoa, tinham a mesma essência em corpos diferentes. Essas essências começaram a se fundir e tudo virou uma massa luminosa, que foi encolhendo até tornar-se um ponto. Quando esse ponto desapareceu, ficou a escuridão, o nada.

Abri os olhos, tomado de uma tristeza profunda, e ao mesmo tempo conformado. Não vi apenas a morte do meu corpo. Isso pouco me interessou, já que muitas outras vidas me aguardavam. Minha tristeza era pela morte da essência, da alma, que é a mesma para todos, já que se misturam no final.

À luz da vela, Verônica viu rolar minha primeira lágrima, enquanto eu percorria seu rosto com os olhos. Eu não estava ali. Estava ainda naquele momento em que tudo desapareceu. Ela era apenas uma lembrança, um rosto perdido no tempo, um reflexo. Eu a amei muito naquele breve instante, pois ela era muitas mulheres, talvez todas elas. Quando a via, eu via minha mãe, Lisa, várias filhas, várias esposas, todas elas misturadas.

Eu estava sozinho e no escuro, como quando Alec me fez passar pela experiência da morte. Mas dessa vez era pior; todos haviam se misturado, partilhado dores, anseios, amores, vidas. Eu conhecia todos, vivi suas experiências, suas rotinas, cresci com eles e vi a união se realizar pelo amor de todos por todos.

"Isso é Deus!" — me ocorreu de repente. "Ele não morreu. Eu estou aqui. Depende de mim... depende de mim."

Comecei a repetir essa frase mentalmente dezenas de vezes, sentindo a urgência, o fogo de um amor ansioso, devastador. Meu corpo tremia. Eu estava quase arrancando os braços da poltrona quando aquele reflexo de um momento perdido no abismo do passado — o rosto de Verônica — se moveu para ordenar:

— Faça! Solte o que está segurando!

Liberei toda aquela energia de uma vez com um grito que acordou a todos na casa. Pareceu um grito horrível, animalesco, o mais forte que já tinha dado; mas era amor puro, amor por tudo e por todos, e não era apenas som; era luz, calor, mãos, joelhos, mesinha com vela e incenso, Verônica, sala, casa, plantação, deserto, mar, terra, céu, lua, sol e estrelas até o infinito, um novo infinito recriado naquele exato momento.

"Deus está de volta", pensei, exausto, mas imensamente feliz. Verônica se aproximou e beijou meus lábios suavemente. Puxei-a para mim e a mantive bem presa em meus braços enquanto os outros desciam as escadas e acendiam as luzes, assustados.

— O que houve? Ouvimos um grito terrível!

— Grito?! Você ouviu alguma coisa, Teo? — disse Verônica, sorrindo maliciosamente.

— Ouvi.

Saltei da poltrona e corri até a janela. Depois, fui para a porta, fingindo espanto. — Eu ouvi, sim! Acho que foi lá fora!

Estávamos todos ali, alguns perplexos, outros assustados e sem entender o que estava acontecendo. Lisa tinha os braços cruzados e passava do susto ao aborrecimento. Caminhei até ela, acariciando a todos entre nós, e a abracei.

— Ele está bem, pessoal. Foi só um grito. Vocês podem voltar a dormir — disse Verônica, braços abertos forçando o grupo de volta aos quartos.

Segurei Lisa comigo e a levei na direção da porta, disposto a amá-la ali mesmo na varanda.

— Não esqueça que você tem um compromisso — ouvi de Verônica que já sentia a minha intenção. — E dessa vez será a "sua" vontade.

Na varanda, Lisa se mostrou irritada; mas não lhe dei chance de opor resistência. Tentei ser delicado e rápido ao tirar-lhe as roupas. Eu não queria apenas transar com ela; queria mostrar todo o amor que sentia, toda a paixão de um homem por uma mulher.

Ela já cedia às minhas carícias quando decidi levá-la para a clareira. No caminho, ela me chamou de louco; mas, no fundo, estava gostando de correr nua pela plantação em plena madrugada.

Nada existia para mim, nada tinha importância a não ser Lisa. Sob as estrelas, o vento sibilava entre as plantas e levantava a poeira na clareira, onde nos demos como animais no cio. Brincamos e rimos, perseguindo um ao outro sem o menor pudor. Mas era tarde. Então ela se aconchegou no meu peito e dormiu, me deixando com meus pensamentos, com tudo o que eu tinha visto e sentido.

Tínhamos tempo, foi o que ela tinha dito, e era verdade. Eu poderia esperar até o dia seguinte para contar. Fiquei ali percorrendo seu corpo com as mãos, não só para acariciá-la mas também para aquecê-la.

— Sua mãe nunca lhe ensinou que não se deve fugir da igreja, Telepata? — Dessa vez ele não me assustou. Cuidadosamente, me sentei apoiando a cabeça de Lisa na minha perna.

— Ora, ora! Se não é o meu amigo de chifres e tridente! Sente-se. A casa é sua.

— Quanto bom humor! — disse ele, ao sentar-se à minha frente, como da outra vez. — O que é isso? Hoje teremos um sacrifício humano?

Senti com um calafrio que ele poderia estar falando sério.

— Sei que você pode matar o corpo dela; ainda assim, não destruirá o que nos une. Ela renascerá ou eu morrerei. De qualquer forma, estaremos juntos. Você sabe disso, assim como sabe que, no final de tudo, todos estaremos juntos.

— Hum! Vejo que você foge da igreja, mas não da escola. Muito bom, mas se você me inclui nesse "todos", sinto desapontá-lo.

"Mas é claro", pensei, "foi isso que o colocou contra Deus!"

— E sobre o seu deus-macaco? Sabe o que vão fazer com você e sua namoradinha se você abrir a boca? Lembra da passagem da Bíblia que fala dos escândalos?

Não respondi coisa alguma, me perguntando: "Abrir a boca para quem?" e "O que eu tenho a ver com escândalos?"

— Que parte você não entendeu, Teo? O que estou dizendo é que você foi levado a conhecer a verdadeira natureza de Deus para divulgá-la. Não é você aqui o único que trabalha em televisão? Não percebe os interesses envolvidos? Você é assim tão ingênuo?

Continuei em silêncio. Ele passou da surpresa ao tédio com expressões tão exageradas que chegavam a ser engraçadas.

— Vou explicar desde o começo toda a arapuca que armaram para você, preste atenção: Você vivia tranqüilo naquele marasmo improdutivo que você chama de vida lá no Brasil. De repente, uma mocinha muito simpática traz você para o meio do nada onde você só se ferra, e quem está aqui para curá-lo? Este maravilhoso grupo que cultua uma deusa no lugar do Todo-Poderoso. E quem lidera esse grupo? A própria. Não é uma feliz coincidência? E tem mais: um sujeito, um antropólogo e arqueólogo, é tão melhor que você como telepata que faz você pensar que morreu. Será que ele não poderia enfiar algumas idéias na sua cabeça? Tudo isso pra quê? Pra você abrir uma caixa e voltar no tempo, ver a situação, viver o medo irracional de onde surgiu o conceito de Deus, um macaco malcheiroso, líder de um bando de assassinos arrependidos. É claro que a deusa é mais fácil de engolir. Ela é o zero antes do um. Ninguém nunca a viu e, como é a Grande Mãe, como pode ser vingativa como o macaco? Mas é preciso que alguém torne isso público; alguém que tenha coragem de ir contra o *status quo* e que tenha meios para isso: um imbecil agradecido que trabalha na tevê. Agora, vou falar do que aconteceria em seguida. Esse primeiro imbecil enfrenta sozinho toda a ira das igrejas e seus adeptos. Depois, um pesquisador sério prova as teorias de um mártir famoso, um tarólogo paranormal morto por um fanático membro de alguma seita ou religião que reza a Deus e ao Cristo, com a lógica de um cientista. Com as igrejas desmoralizadas pelo crime, o que sobra? A deusa, a Grande Mãe. E quem é a sua representante? A mocinha simpática, ou seja, a "Porca!"

Depois do sorriso e do jeito infantil de falar balançando a cabeça, de repente, ele gritou furioso:

— Poder, Teo! Poder é o nome do jogo, e você é o único amador aqui! Mesmo essa vaca aí no seu colo descende de um povo que foi para a fogueira. Ela quer vingança. Ela se aliará a qualquer um que possa criar essa possibilidade.

Olhei para ela, gelada, em posição de feto, e esfreguei-lhe o braço automaticamente. Eu tentava fugir para não escutar as palavras que resumiam e tornavam palpáveis os meus medos. Para mim, tudo aquilo tinha uma lógica indiscutível, mas faltava alguma coisa.

Até aquele momento, eu não tinha pensado em usar meu espaço na tevê para dizer alguma coisa relacionada com essa viagem; mas certamente o faria ou usaria a emissora para promover talvez um livro. Nele seria inevitável contar sobre o macaco-líder, a missa, o canibalismo ritual. Por outro lado, eu poderia me calar, agir como se nada tivesse acontecido e, assim, evitaria bater de frente com qualquer fanático religioso.

Enquanto eu pensava, continuava esfregando braços e pernas de Lisa, e isso incomodava a Lúcifer.

— Essa mulher vai te trair com o Juan, seu amigo, em pouquíssimo tempo.

Isso também não chegou a me surpreender.

— Eles tiveram um caso, não foi? Dá para perceber quando eles se olham, mas eles se amam?

— Há uma grande atração entre eles.

De repente, me ocorreu que a chave de tudo poderia

estar literalmente no meu colo. Nunca me casei por medo de não me dar bem, de não ser compreendido. Eu queria evitar a dor de uma provável separação; por isso, fugia da união. Ser traído era uma neurose, uma sombra que me perseguia sempre que alguém me interessava. E agora eu admitia essa possibilidade sem susto, disposto até a dividir com outro a mulher que, em outra situação, ou seria só minha, ou não seria nada.

Eu e Lisa havíamos conversado muito pouco. É verdade que a atração física é indiscutível, mas não é só isso. Apesar de mal conhecê-la, eu já a amava como nunca amei ninguém, e isso é coisa da alma, não do corpo. Por isso ele não compreendia.

— Teo, você não deveria estar aqui. Nada disso deveria ter acontecido; mas, já que aconteceu, não vamos perder tempo com lamúrias. Eu partilho do seu desejo por estabilidade, e posso conseguir para você essa mulher e várias outras. Sei que você não busca riqueza e luxo, mas há uma ilhazinha no litoral do Rio que você vai adorar. Lá você pode escrever romances à beira da piscina pelo resto da sua vida, e todos venderiam muito bem. Eu posso garantir isso, não por ser quem sou, mas pelo seu próprio talento. Lá você viveria próximo à natureza e não se preocuparia com nada além do seu trabalho. Com certeza, você viu coisas aqui que dariam ótimos livros. Só o que peço é que esqueça aquele macaco e continue vivo para usufruir o que lhe ofereço. Deixe isso para os antropólogos. É o trabalho deles.

Eu já me via à beira da piscina cercado de mulheres, mas esta última frase me intrigou.

— Por que deixar para um antropólogo uma coisa que eu vi? Que diferença faz? E se você não quer que eu fale sobre isso, por que armou aquela palhaçada na igreja?

— A diferença é o impacto, Teo. É comum os cientistas questionarem religiões; por isso, a notícia ficaria restrita a um pequeno grupo; já você, um místico e uma pessoa conhecida, atingiria o homem comum, os fiéis de várias igrejas e seitas. Sobre a brincadeira com o macaco, fiz aquilo para assustar e revoltar você contra quem mente, a começar por esta turma daqui.

Senti raiva ao lembrar do desrespeito. Isso pode parecer estranho, mas aquele macaco tinha sido meu pai um dia. Tudo era muito lógico e real, mas ele não levava em conta o amor, o que me fazia acariciar Lisa sem pensar e sentir raiva por um monstrengo fedorento como aquele macaco pré-humano.

Tinha vivido minha vida sem outro amor além do de minha mãe. E agora tinha os amigos que nunca tive, uma mulher que, sem dizer quase nada, enchia-me o coração de ternura e o conhecimento de boa parte da existência e natureza humana, ao menos o começo e o fim. "O alfa e o ômega", pensei, e isso me levou a uma outra parte da Bíblia: "...pobres daqueles por quem vêm os escândalos..."

Senti alguma coisa acordar dentro de mim: a convicção de que era eu quem deveria trazer o escândalo, apesar das previsíveis conseqüências. Esse era o meu destino e não a fuga para uma ilha confortável, onde viveria uma existência vazia, cercado de gente bonita e interesseira.

— Essa turma, aqui, Lúcifer, são pessoas como eu, coisa que nunca encontrei. O que você me oferece é a volta àquela vida imbecil, feita de trabalho, ansiedade e solidão. Aqui eu não tenho dinheiro, mas tenho amor.

Nesse ponto, ele se irritou.

— Sua vida era e é imbecil, mas eu posso transformar seus poucos momentos de mortal numa verdadeira merda!

— Sou mortal, sim, e você pode fazer o que diz, mas eu voltarei. Então, seu esforço em me prejudicar terá sido só mais um momento desagradável. Podem me prender e torturar. Aqui dentro estarei livre!

Sentia-me tão forte que, ao bater no peito, dei-me conta de que eu realmente tinha dentro de mim o macaco-líder.

— Você trará a desgraça para os que ama.

— Sou responsável apenas pelo meu destino, e o que sei eu posso ensinar.

Com ar cansado, ele se levantou e começou a se afastar. Alguns passos adiante, voltou-se e disse:

— Humanos são naturalmente volúveis. Você pode estar poderoso agora, mas vai esquecer tudo isso e fraquejar. Então, eu estarei com você.

— Uma última ameaça, anjo?

— Um fato, Criador.

E voltou a caminhar até desaparecer em meio à folhagem.

Criador? Talvez sim. Vi aquilo que me liga à Lisa e soube que existe coisa parecida entre todos os que se amam. Ou melhor, "é" a mesma coisa, a mesma fumacinha mais ou menos visível. Chegará um tempo em que todos se reconhecerão ligados. Então, seremos um só, uma única grande consciência ocupando todo o espaço, mesmo depois que as estrelas se apagarem. Então, criaremos tudo de novo, toda a matéria numa explosão gigantesca e nos espalharemos nela. Foi o que aconteceu ou vai acontecer. Isso abre e fecha o círculo do tempo num ponto qualquer, que pode ser, inclusive, agora.

Lisa soltou um gemido e começou a se esfregar preguiçosamente. Então, sentando-se, disse:

— Tive um sonho tão bonito! — E olhou para os lados, procurando suas roupas. — Que frio!

Eu me mantive em silêncio enquanto sorvia cada movimento, cada gesto sonolento e cada detalhe do seu corpo.

— O que houve, Teo? Você ficou bravo por eu ter dormido? Aconteceu alguma coisa?

Eu sentia um prazer enorme por estar ali, por vê-la, pelo chão, as plantas, o céu mudando de cor, o vento.

— Uma pessoa esteve aqui, mas depois eu conto tudo. Você quer voltar?

— Quero, mas ainda está escuro.

"Não é melhor esperar um pouco?"— ela perguntaria em seguida; mas eu preferi brincar. Pus-me de pé e, abrindo os braços voltado para o leste, falei alto, sem gritar:

— *Fiat Lux!* — Faça-se a luz, em latim. Imediatamente um facho luminoso rasgou o céu, e lentamente o sol começou a surgir no horizonte, como se obedecesse ao meu comando.

CAPÍTULO XVII

Família

Enquanto eu dormia, Lisa deve ter conversado com Verônica, e as duas se convenceram de que eu não só tinha encontrado o poder de Deus, como já o controlava. Naquela manhã, todos na casa me trataram com mesuras e demonstrando até algum medo, como se eu fosse um rei da renascença.

Tentei dizer que eu não era nada daquilo, mas eles estavam muito ocupados me servindo. Havia também um outro obstáculo: se tinha sido Verônica quem dissera, logo só podia ser verdade.

Eu estava satisfeito demais para me irritar com a credulidade deles. Então, comecei a brincar. Já que me seguiam, fingia mudar de idéia só para vê-los confusos, indo de um lado para o outro.

Quando Juan entrou, fui até ele pedindo que me livrasse daqueles aduladores. Os dois rapazes e o casal eram o grupo mais jovem que tinha visto ali, e se dispersaram assim que ouviram, num inglês melhor que o meu, o mesmo que eu tentava explicar, com uma diferença: Juan lhes disse que eu "ainda" não era uma divindade, mas que não os esqueceria.

"Ainda?"

Eu estava para protestar quando ele começou a falar da festa que estavam organizando. E dessa vez eu é que ficaria no centro da roda, vestindo um balandrau para que todos pudessem beijar meu baixo-ventre sem constrangimento. Juan deu todos os detalhes de quando eu deveria sair, por onde, e quando entrar e onde ficar. Verônica seria a última, e se deitaria aos meus pés. Então, sairíamos juntos.

O tempo todo eu tentava fazê-lo parar para explicar que a história do sol tinha sido uma brincadeira, que eu tinha visto o céu mudar de cor e não era Deus coisa nenhuma. Mas ele encerrou a questão, dizendo:

— Este será o último ritual aqui na fazenda, e muitos deles viram você mergulhar numa escuridão mais profunda que a morte. Eles tentaram acompanhar você, mas ninguém conseguiu. Foi por isso que gritaram e desmaiaram naquela noite. Todos nós acreditamos que, só pelo fato de ter voltado, talvez você tenha trazido alguma coisa importante. Se não for assim, ao menos deixe-nos homenageá-lo pela coragem. O que você acha?

Era verdade. Todos eles estavam comigo quando fui sugado por aquela caixa, e estavam sofrendo realmente quando voltei. Eu é que deveria agradecer; mas se isso os faria felizes, então que fosse assim.

Na noite límpida, como sempre, dançamos à volta da fogueira da mesma forma que nas outras vezes. Eu tentava não entrar em transe; mas, num momento, estava lúcido e sério e no outro era uma criança brincando entre linhas e esferas luminosas. Nesses momentos, tudo o que parecia misterioso, mágico ou fantástico era simples e se mantinha ao alcance das minhas mãos.

Deixei a seriedade de lado, mas nem por isso cometi um erro sequer. Fiz exatamente como Juan havia dito e me deixei beijar no rosto, mãos, púbis e pés.

— Oi, eu sou João, e você?

— Eu sou Deus, mas pode me chamar de Teo, se quiser.

Tive dificuldade para segurar o riso ao imaginar esse diálogo. Verônica estava aos meus pés, mas não deixou de me dar um puxãozinho de orelha.

— Respeite a homenagem deles, Teo!

Fiz o possível e achei uma pena ter de abandonar a festa. Eu queria contar a Lisa sobre a conversa que tinha tido com o diabo e desfazer o mal-entendido, mas Verônica não me largou, mesmo sabendo que eu estava com uma sensação estranha. Por alguma razão, eu não queria deixar Juan e Lisa juntos, ou melhor, eu sabia exatamente o que estava para acontecer, mas já a via como propriedade minha e faria tudo para evitar.

Tudo o que eu queria contar a Lisa acabei dizendo a Verônica. Incluí até o lamento com relação à brincadeira que, a meu ver, gerou toda a confusão.

De volta da clareira, todos me saudavam, e como não visse Lisa, fui ficando agitado.

— Teo, você não disse ao Trapaceiro que aceitaria partilhar o amor dela com outro para não perdê-la?

— Eu pensei nisso, mas... ainda não!

Ela sorriu, como sorriem as mães de crianças birrentas, e isso me fez ficar envergonhado.

— Lúcifer não tem nada a ver com isso; não existem culpados. Ela fará o que deve fazer antes de ser sua definitivamente.

— Ele me disse que isso ia acontecer. Se estava certo quanto a isso, pode ser que esteja também sobre outras coisas.

Realmente, pensei que talvez fosse uma maldição. Não é ele o diabo? Mas assim que isso me passou pela cabeça, lá estava Verônica, lendo meus pensamentos e interferindo. Só me dei conta disso depois que respondi em voz alta, cheio de raiva, referindo-me à parte da conversa em que ele disse que o grupo mentia para mim.

Reconheci que estava irritado demais para continuar com ela. Para mim, o dia mal havia chegado à metade, e todos já se recolhiam.

Ela me ajudou, levantando-se e dizendo que estava com sono. Aproveitei a deixa para ir esfriar a cabeça dando um passeio. Quando saí, passei direto pelo casal na varanda sem perceber quem eram.

Dormi muito pouco quando voltei: só três ou quatro horas. E assim que acordei, voltei para a plantação e às outras áreas da fazenda onde não correria o risco de encontrar qualquer um deles. Preocupar-me com isso era como carregar um peso. Então, finalmente, ganhei o deserto.

Não era exatamente pensar o que eu fazia enquanto caminhava. Minha mente era um vazio tão grande, que eu não sentia fome, sede, cansaço, nem a passagem do tempo. Eu caminhava e esperava que tudo o que vivera desde que tinha chegado neste país se cristalizasse em mim e se tornasse experiência.

Uma parte de mim estava triste por perder a única mulher que amei; e uma outra parte julgava que esse era o sinal de que o destino nos uniria definitivamente no futuro.

Nada indicava essa perda. Eu simplesmente sabia que já havia acontecido por estar ligado a ela, a Juan e a todos os outros.

Se antes o deserto era um inimigo mortal, agora ele me presenteava com a sua paz, mostrando-me tudo, toda a minha vida, como se fosse apenas um único momento. Esse momento que era Teo, era também Verônica, e disso nasce todo o resto.

O meu corpo vagou pelo deserto por duas noites. Eu podia vê-lo de muito alto, do imponderável, agindo como um animal perfeitamente adaptado às condições locais, como se tivesse nascido ali. De onde eu estava, vi Juan e Lisa partirem para a Espanha. Todos estavam indo embora e isso fazia minha consciência se expandir, indo com cada um deles aonde quer que fossem.

Eu via, ouvia e sentia cada um, sabia do momento atual, do futuro e do passado, direita e esquerda no anel do tempo. Mas foi o futuro que me fez usar novamente o corpo, não só o futuro deles, mas de tudo e de todos neste planeta.

Vi os planetas Marte, Vênus e os outros formarem lentamente uma fila. Todos eles estavam dentro de alguma coisa que parecia bolhas de sabão. Estas se tocavam e se comprimiam mutuamente fazendo os planetas tremerem. Isso começou a alterar o brilho do sol que, de repente, lançou uma enorme língua de fogo na direção dos planetas.

Vi almas serem despidas do corpo num segundo, pessoas olhando para o céu, maravilhadas com o efeito visual daquilo que lhes custaria a vida e, do outro lado, um ser luminoso recolhendo as almas, a minha entre elas. Nesse momento, vi no seu rosto um sorriso de reconhecimento que não compartilhei; mesmo assim, o ouvi dizer: "Volte e faça a sua parte."

Eu estava sobre a pedra da tarde do terceiro dia no deserto. Eram eu e também o macaco-líder na mesma pedra que me deu sombra antes do primeiro encontro com Lúcifer. E quem comandava desta vez era ele.

Senti a sua intenção ao descer. Havia uma fêmea por perto.

Nunca julguei que o meu corpo fosse capaz da força e da agilidade que eu percebia agora. A descida foi praticamente um salto e a distância até o portão me pareceu insignificante. Numa parada rápida, senti os cheiros que normalmente passam despercebidos: de um traço de fumaça deixada por um carro que passara por ali há vinte minutos, da terra úmida sob o cascalho e da fêmea não muito distante. Foi a vez de os ouvidos mostrarem a direção a seguir. Ela caminhava entre as plantas a uns setenta ou oitenta metros adiante, plantação adentro.

Durante a corrida até ela, tentei retomar o controle, mas não consegui. Verônica chegou a gritar com o susto e a dar alguns passos para trás. Foi inútil; meu corpo a agarrou e começou a arrancar suas roupas enquanto rolávamos pelo chão.

Ela estava receptiva — era o que o macaco percebia e o que fui forçado a reconhecer. Os dois corpos tinham o mesmo grau de excitação e agiam com a mesma brutalidade. Era Verônica, o seu corpo, mas era também a fêmea que tentei atacar de dentro de um *homo erectus* jovem. Não era só isso. Ali estavam muitas mulheres e prostitutas que tive através dos tempos, uma face de Verônica que eu ainda não conhecia. Parecia errado o que eu estava fazendo, mas eu começava a sentir prazer e isso unia mais e mais o meu corpo a mim mesmo. Não pude parar, só o que fiz foi diminuir o ritmo, até então frenético, e ser mais carinhoso. Mesmo assim, ela parecia muito excitada. Estava mesmo disposta a me deixar louco e sabia exatamente onde tocar e como se mexer para isso. Tentei acompanhá-la naquela dança, mas não pude me conter diante de todos aqueles gemidos, aquele ondular sensual sempre num crescendo, cada vez mais rápido, mais forte, mais alto. Minha vista ficou turva, meu corpo rígido; só pude soltar um último e longo gemido antes de estremecer. Atingimos o clímax juntos. Então, exaustos, nos abraçamos e ficamos ali, quietos.

Menos de um minuto depois, ainda estávamos envolvidos naquela atmosfera deliciosa, quando senti meu corpo se enrijecer novamente. Abracei-a forte e percebi que ela sentia o mesmo. Eu não tinha uma ereção, mas o prazer era o mesmo. Nossos corpos queriam ser um só, coisa que nossas almas já eram. Então senti uma violenta descarga elétrica, tão forte que me jogou para trás absolutamente extasiado. Entre nós surgiu uma luz quase cegante e, sentado no chão, vi Verônica, de pé, curvar-se e pegar no colo uma criança.

Tudo era luz, e mesmo assim eu os via. Então me aproximei e me juntei a eles num abraço que transbordava amor e felicidade.

"Assim nascem os anjos, Teo. Este é o seu filho, e ele ensinará as pessoas sobre esperança e alegria num mundo de dor."

CAPÍTULO XVIII

Sem Medo

Lisa descia as escadas do museu do Prado, em Madri, quando viu um homem perto da estátua de Goya. Não o reconheceu facilmente. Estava bem mais magro e elegante, mas era Teo, o homem por quem ela se apaixonara há oito meses.

— Teo? É você? — perguntou ao se aproximar. "Quem será ele agora?", ela se perguntava.

— Como está, Lisa?

— Pensei que não o veria mais. O que você faz aqui?

— Não vim a passeio, mas resolvi visitar alguns amigos. E você?

— Bom, sempre que venho a Madri visito este museu. Uma sobrinha precisa destes folhetos para um trabalho escolar.

Os dois se olhavam nos olhos e demoravam entre as perguntas e as respostas. Teo via as dúvidas dela, o receio de que ele não fosse mais o mesmo homem, e mesmo se era ainda "só" um homem.

— Mas, se você não veio a passeio, o que o tirou do Brasil? O grupo vai se reunir novamente aqui?

— Não; vim desfazer um mal-entendido e, se tudo der certo, espero ficar por aqui.

— Um mal-entendido? E ficar onde? Aqui em Madri?

Vê-la de novo aquecia Teo por dentro. Ele sabia que a decisão seria dela, mas, de repente, cedeu à vontade que sentia de abraçá-la. Ela oscilava entre o prazer e o medo, queria e não queria.

— Lisa, vamos dar uma caminhada. Não há um parque subindo por aqui? Eu explico tudo enquanto andamos.

— Claro, vamos.

Andaram lado a lado sem se tocar até a entrada de uma alameda com árvores e flores.

— Teo, sabe que o seu nome quer dizer Deus em grego?

— Não é Teo, é Teodoro: aquele que adora a Deus, ou coisa assim.

— Eu soube que você se casou com Verônica. Ela está bem?

— Não foi um casamento como você está pensando. Só somos casados quando um ritual exige isso. Mas eu quero falar de outra coisa, de um dia em Israel em que o sol nasceu quando eu dei a ordem.

— Foi a coisa mais fantástica que já vi. A única coisa que vi você fazer de especial. E acho que foi a primeira, não foi? Disseram-me que você relutou em aceitar o poder, que mesmo quando festejamos a sua chegada, a vinda do Deus-Homem, você zombava e ria de todos ali. Fico orgulhosa por ter estado com você naquela noite. Pena eu ter dormido o tempo todo.

— Lisa, preste atenção um minuto: eu não fiz o sol nascer naquele dia. Eu já tinha percebido que estava para acontecer. Só o que fiz foi dar a ordem no momento certo. Uma brincadeira, nada mais, de gosto duvidoso; mas foi apenas uma brincadeira.

— E quanto ao resto? Dizem que você faz milagres, cura pessoas, está em todos os lugares ao mesmo tempo.

— Eu vivi coisas, tive acesso a informações incríveis e aprendi a manipular energias poderosíssimas. No momento certo, sou, sim, se não uma divindade, o que mais se aproxima disso. Mas sou também um homem, carne, ossos e um destino a cumprir como tal.

Lisa fez uma grande pausa, lembrou de tudo o que tinha dito e sentido, principalmente na última noite com ele.

— Eu pensei que você deixaria de ser humano, que passaria a existir apenas como Deus. Eu já me imaginava a seu lado; queria ter filhos seus e, de repente, perdi toda a esperança.

Ela baixou os olhos, sentou-se num banco próximo e continuou:

— Eu gostava muito de Juan. Estivemos juntos por três anos antes de irmos para lá. Fomos juntos, mas já tínhamos assumido que não daria certo. Ele não era o homem certo, o meu homem. Na volta, depois de ter conhecido e perdido você, imaginei que não existe essa coisa de homem certo; que o meu homem era aquele que estava ao meu lado: Juan.

Silêncio. Teo percebia a dor e o medo. Dor por ter tentado uma coisa que já sabia que não daria certo, pela desilusão por não ter feito o que mandava o coração e medo de fazer agora o que ele ordenava: tomar um lugar que talvez não merecesse, onde não conseguiria se manter.

— Acabo de sair do apartamento dele.

Ela olhou espantada.

— Ele contou que estivemos juntos?

— Contou, mas eu já sabia. Lisa, será melhor se você se acostumar logo com uma coisa a meu respeito. Desde pequeno sou um telepata. Sei melhor do que você o que você está sentindo e pensando. E agora faço muito mais do que isso. Logo que nos conhecemos, você se mantinha calada a maior parte do tempo, mas chegou a me dizer que teríamos muito tempo. Isso é verdade; envelheceremos juntos.

— Eu não posso, Teo!

Foi quase um grito, e ela tinha lágrimas nos olhos. — Sou uma pessoa comum, uma mulher como todas, e você, você tem o poder de Deus! Quando eu o vi, não sabia se devia me ajoelhar; e quando você me abraçou, tive medo, medo de morrer! Eu amo você, soube disso desde a primeira noite em Israel, mas agora não sei mais. Eu gostaria de ficar com você, mas se Verônica é a Mãe, você agora é o Pai. Não sei se eu suportaria isso.

— Lisa — disse ele, ajoelhando-se a seus pés e pegando suas mãos. — Eu sou o seu homem certo. Você é tão deus quanto eu ou Verônica. A única diferença é aceitar isso ou não, e em que grau. Posso ensinar muita coisa. Venho aprendendo há várias vidas. Prova disso é que nasci telepata. Você não conseguirá mentir para mim, mas eu não serei um peso. Talvez um chato que não se pode surpreender.

— E como seria a nossa vida? Moraríamos numa casa que logo se transformaria num hospital. Você ficaria o tempo todo com os doentes e fanáticos, e só me veria de noite, por alguns minutos antes de dormir.

— Não sou um curandeiro; essa não é a minha missão. Moraremos no seu *pueblo* perto dos Pireneus, num chalé de madeira. Serei um escritor e passarei o dia em casa cuidando das crianças.

— Mas, e as viagens? Todos vão querer ver você como é com a Verônica.

— Viajaremos juntos. Você não gostaria?

— Tenho muito medo de tudo isso.

— Não, você tem medo é de ser feliz, de se sentir presa a mim e gostar. Afinal de contas, você já passou dos trinta e estava conformada imaginando que não se casaria mais. Sua última chance foi o Juan e, já que não deu certo, você está se achando velha e cheia de manias.

"Como você pode saber?", pensou; mas logo se lembrou quem era ele.

— Você está mesmo falando sério? Quer casar, morar e ter filhos comigo?

— Sim, sim: dois, um casal.

— E quando?

— O mais rápido possível. Vendi tudo o que tinha e o dinheiro já está em Barcelona.

Tirou duas passagens aéreas do bolso.

— Verônica está lá com Alec organizando uma festa, e a lua-de-mel vai ser em Paris. Onde tem um cartório aqui perto?

Lisa se levantou e esperou que ele fizesse o mesmo. Então o abraçou.

— Seu filho da mãe! Este é meu sonho de adolescente, e você o roubou de mim!

— Que ninguém ouça você falar assim comigo. Isso é uma blasfêmia das grossas!

Teo se calou por um momento. Lembrou-se de uma conversa que teve com Verônica e perguntou.

— Este parque tem um lago?

— Tem sim. É logo ali. Por quê?

— Por nada. É que adoro lagos. Vamos até lá?

* * *

Em dois dias, eles estavam casados e aos poucos Lisa aprendeu a dividir seu marido com o grupo: o homem que pertencia a ela e aquele que recebia cartas do mundo todo. Era um Teo diferente do que conhecera em Israel, mas ela também estava diferente. Afinal, não somos todos assim? Não mudamos com o passar do tempo e não continuamos nós mesmos? E o que nos liga às pessoas que amamos realmente não resiste a essas mudanças?

A UNIDADE DA VIDA

Uma Odisséia Espiritual

Michael J. Roads

Depois de passar pelas iniciações criadas pelo grande deus Pã, Michael J. Roads – autor de *Descomplicando a Vida*, *Diálogos com a Natureza* e *A Natureza e o Despertar do seu Mundo Interior* – conquistou o direito de entrar conscientemente em novas dimensões da realidade física.

Ao ultrapassar as portas da iniciação, deixam de existir para ele o tempo linear e a realidade material. Tudo o que era conhecido foi substituído abruptamente por coisas absolutamente desconhecidas. O tempo, se é que tinha algum significado, era esférico, de modo que todos os pontos da esfera marcavam o mesmo momento – sempre.

Lançado em seu corpo de luz de uma porta espiritual a outra, ele encontra diversos seres que expandem sua consciência para as diferentes dimensões da realidade. Passo a passo, Michael é levado à compreensão mais profunda da sua jornada rumo à unicidade. Como consciência, ele evolui de gás a mineral, a vegetal, a animal e, finalmente, a ser humano, sentindo o anseio do Eu por expressar-se através da forma física. Michael explora o universo infinito e chega a conhecer o significado da afirmação bíblica: EU SOU AQUELE QUE É.

* * *

"A leitura de *A Unidade da Vida* o estimulará – expandindo sua mente por horizontes infinitos e satisfazendo necessidades que você não sabia que tinha... Michael J. Roads é um contista metafísico que reina soberano entre seus pares."

Friend's Review

"Os leitores de *A Unidade da Vida* são conduzidos a conhecer dimensões e a presenciar prodígios nunca antes imaginados. Com este livro, Michael J. Roads se firma como um escritor inspirado, contador de histórias, professor e um ser radiante. Recomendamos vivamente a sua leitura.

Magical Blend Magazine

OS MANUSCRITOS DO MAR MORTO

E. Laperrousaz

Na primavera de 1947, em Qumrân, nas margens do Mar Morto, pastores beduínos descobriram, em onze grutas naturais ou escavadas no terreno argiloso, rolos de pele e papiros manuscritos guardados em sacos de linho lacrados com betume e colocados em jarros de argila cuidadosamente fechados. Perto dessas grutas, foram descobertas ruínas de um antigo mosteiro que, segundo estudos arqueológicos realizados na região, havia sido ocupado por uma comunidade religiosa desde o século II a.C. até o ano 68 da nossa era, quando os romanos o tomaram de assalto. Esses religiosos levavam vida ascética e se designavam como *os eleitos, os santos, os filhos da luz*. Segundo tudo indica, pertenciam à seita dos essênios ou, pelo menos, a um dos ramos do essenismo, formando uma comunidade religiosa à margem do judaísmo corrente, isolada do conjunto do povo de Israel e dos pagãos.

A influência desse grupo parece inegável sobre o Novo Testamento, não apenas sobre João Batista ou sobre Jesus, como sobre certas comunidades da segunda geração cristã: a primeira atividade de Jesus, por exemplo, e o recrutamento dos seus primeiros discípulos situam-se na região perto de Qumrân, onde João Batista exercia o seu ministério; para a celebração das festas religiosas, Jesus e seus discípulos seguiam o calendário solar de Qumrân, o que explicaria a celebração da Ceia na véspera da Páscoa; além do mais, é clara a influência exercida pela terminologia essênia tanto sobre o vocabulário usado por Jesus como sobre os escritos de João Evangelista.

Na opinião de historiadores e de estudiosos de várias correntes religiosas, essas descobertas são as mais sensacionais jamais feitas e resolvem um número considerável de problemas históricos e religiosos que as pesquisas anteriores não conseguiam resolver.

Os Manuscritos do Mar Morto é uma das inúmeras obras resultantes do prodigioso interesse suscitado por essas descobertas. Nele são examinadas as principais questões que retiveram a atenção dos especialistas, principalmente as que giram em torno da origem pré-cristã dos manuscritos e de suas afinidades com o cristianismo primitivo.

EDITORA CULTRIX

INICIAÇÃO

ELISABETH HAICH

Iniciação é um romance de cunho espiritualista no qual uma mulher, por muitos títulos notável, descreve suas várias encarnações. Do Egito, onde foi preparada para iniciar-se nos mistérios da classe sacerdotal pelo sumo sacerdote Ptahhotep, ela passa para a Europa do século XX.

O relato apaixonante de sua rica vivência espiritual é de valor inestimável para se chegar a uma perfeita compreensão das leis que regem o Universo. Por sua vez, os episódios aqui narrados constituem, em última análise, uma convincente explanação das leis que regem a vida e o destino das pessoas.

Elisabeth Haich conseguiu pintar neste livro, paralelamente às experiências por que passou em suas vidas anteriores, um quadro excitante dos ritos que cercavam as cerimônias de iniciação no antigo Egito, mesclando biografia, romance e ensinamentos místicos.

EDITORA PENSAMENTO

Outras obras de interesse:

PAIXÃO DIABÓLICA
Dion Fortune

A SACERDOTISA DA LUA
Dion Fortune

A SACERDOTISA DO MAR
Dion Fortune

ADONAI
Jorge Adoum

O FARAÓ ALADO
Joan Grant

O FILHO DE ZANONI
Francisco V. Lorenz

O MESTRE DE MARIONETES
Liz Greene

SALVO POR UM ESPÍRITO - Histórias Verdadeiras do Mundo Oculto
C. W. Leadbeater

O UNGIDO
Z'ev ben Shimon Halevi

VIAGEM ASTRAL
Ernest Mme Bosc

A VINDA DE JOACHIM STILLER
Hubert Lampo

A FORÇA DO NADA
Alexandra David-Néel

MAGIA DE AMOR E MAGIA NEGRA
Alexandra David-Néel

ATLÂNTIDA E LEMÚRIA - Continentes Desaparecidos
W. Scott-Elliot

O EREMITA
Felix Schmidt (org.)

GÊNESIS: Uma Interpretação Esotérica
Sarah Leigh Brown

Peça catálogo gratuito à
EDITORA PENSAMENTO
Rua Dr. Mário Vicente, 374 - Fone: 272-1399
04270-000 - São Paulo, SP